MARCO POLO

Golf von Neapel

Amalfi · Ischia · Capri · Pompeji Cilento

Reisen mit Insider Tipps

Diesen Reiseführer schrieb Bettina Dürr. Sie pendelt seit 25 Jahren zwischen Deutschland und Italien und hat ein Buch über italienische Volksfeste sowie mehrere Marco Polo Reiseführer geschrieben.

www.marcopolo.de

Infos zu den beliebtesten Reisezielen im Internet, siehe auch Seite 106

SYMBOLE

Insider Tipp **MARCO POLO INSIDER-TIPPS:**
Von unserer Autorin für Sie entdeckt

★ **MARCO POLO HIGHLIGHTS:**
Alles, was Sie am Golf von Neapel kennen sollten

HIER HABEN SIE EINE SCHÖNE AUSSICHT

WO SIE JUNGE LEUTE TREFFEN

PREISKATEGORIEN

Hotels		Restaurants	
€€€	über 150 Euro	€€€	über 16 (10) Euro
€€	90–150 Euro	€€	9–16 (7–10) Euro
€	bis 90 Euro	€	unter 9 (7) Euro

Preise für ein Doppelzimmer. In der Hochsaison (Juli/August) sind in den Orten an der Küste oft nur Zimmer mit Halb- oder Vollpension zu bekommen.

Die Preise gelten für ein Hauptgericht *(secondo)* bzw. für ein Nudelgericht (*primo*, in Klammern) ohne Beilagen und ohne den Preis für Brot und Gedeck.

KARTEN

[116 A1] Seitenzahlen und Koordinaten für den Reiseatlas Golf von Neapel

[U A1] Koordinaten für die Neapelkarte im hinteren Umschlag

[O] außerhalb der Neapelkarte

Ausgrabungspläne zu Herculaneum und Pompeji finden Sie auf den Seiten 46 und 49.

Zu Ihrer Orientierung sind auch die Orte mit Koordinaten versehen, die nicht im Reiseatlas eingetragen sind.

GUT ZU WISSEN

Ästhetik und Verfall **14** · Neapolitanische Spezialitäten **20**
Campania Card **38** · Antike Kleinanzeigen **47**
Die Eselkarawane von Nocelle **66** · Limoncello **88**

INHALT

Die wichtigsten Marco Polo Highlights

Sehenswürdigkeiten, Orte und Erlebnisse, die Sie nicht verpassen sollten

1. **Napoli Sotterranea**
Ganz Neapel ist unterwandert von einer dunklen, ins Tuffgestein getriebenen Gegenwelt (Seite 30)

2. **Museo Archeologico Nazionale**
Der Schönheitssinn der Antike: zauberhafte pompejanische Wanddekorationen im Archäologischen Museum in Neapel (Seite 34)

3. **Museo Nazionale di San Martino**
Neapels berühmteste Krippensammlung, zu erreichen mit der Standseilbahn (Seite 35)

4. **Cuma**
Eindrucksvolle, Hochromantische Ruinen bezeugen die Ankunft der Griechen in Süditalien vor 2800 Jahren (Seite 41)

5. **Museo Campano**
Die anrührenden Votivfiguren eines uralten Fruchtbarkeitskultes in Capua (Seite 41)

6. **Ercolano**
Noch besser als Pompeji erhalten: die Ruinenstadt Herculaneum am Fuß des Vesuvs (Seite 45)

7. **Villa dei Misteri**
Das Fresko in Pompeji mit dem eigentümlichen Treiben junger Frauen gibt Rätsel auf (Seite 48)

Weltberühmt: Capris Blaue Grotte

Griechische Göttertempel: Paestum

Amalfiküste: Meer immer im Blick

8 Grotta Azzurra
Einzigartige Lichtreflexe in Capris viel besungener Blauer Grotte (Seite 55)

9 La Mortella
Kein Ischiaaufenthalt ohne den Besuch dieser traumhaften Gartenanlage (Seite 58)

10 Antichi Sentieri
Auf alten Treppenwegen und Maultierpfaden geht es durch Zitronenplantagen und Bergwälder (Seite 65)

11 Terrazza dell'Infinito
In Ravello finden Sie eine Panoramaterrasse mit Blick in die Unendlichkeit (Seite 71)

12 Locanda Don Alfonso 1890
In Sant'Agata sui Due Golfi gibt es nach einhelliger Meinung der Restaurantführer die beste Küche Süditaliens (Seite 77)

13 Paestum
Von der einst riesigen antiken Stadt ist noch längst nicht alles ausgegraben (Seite 84)

14 Bootstouren
Die Bootsausflüge zu den Meeresgrotten enden mit einem Strandpicknick, bei dem die eben gefangenen Fische auf den Grill kommen (Seite 87)

15 Certosa di San Lorenzo
Im Cilento beeindruckt die größte Barockkartause Italiens (Seite 88)

★ *Die Highlights sind in der Karte auf dem hinteren Umschlag eingetragen*

Entdecken Sie den Golf von Neapel!

Heute brodelt am Golfo di Napoli nicht mehr der Vesuv, sondern das Leben

Wo auch immer Sie Ihre Reise an den Golf von Neapel beginnen – die schönste Einstimmung ist immer ein Weitblick auf den Golf: zum Beispiel von der Sorrentinischen Halbinsel aus, etwa von den Balkonen und Terrassen der prachtvollen alten Hotels, die sich auf dem 50 m hohen Tuffsteinplateau von Sorrent hoch über das Meer und den Golf erheben. Von hier schweift der Blick über den gesamten Golfbogen, auf die Bergkette der Monti Lattari, die sich ins Landesinnere hineinzieht, dann auf den mächtigen Vulkankegel des Vesuvs, schließlich am Golfufer entlang auf das chaotische Siedlungsgewirr der Gemeinden am Fuß des Vulkans. Der Blick geht weiter, bis das Häusermeer schließlich in der faszinierenden Metropole Neapel zum Häuserozean wird, am schönsten in der Abenddämmerung, wenn die Sonne ihre rotgoldenen Reflexe auf den Golfbogen wirft und die Lichter der Großstadt am Ufer zu flimmern beginnen. Im Meerdunst sieht man schemenhaft die Inseln Ischia und Procida auftauchen,

Vietri sul Mare bildet das östliche Ende der Costa Divina, der »Göttlichen Küste« von Amalfi

Klein, aber oho: peperoncini, die mediterranen Scharfmacher

Capri liegt dagegen verdeckt von der Spitze der Halbinsel Sorrents. Inseln der Verheißung und jede mit ganz eigenem Charakter.

Jenseits der Halbinsel von Sorrent beginnt die Costa Divina, die »Göttliche Küste« von Amalfi mit ihren Zitronenhainterrassen und den die Felsen hinabgestuften Dörfern aus ineinander verschachtelten Häusern in Rosa, Creme und Apricot, an denen sich leuchtend rote Bougainvilleen hochranken, seit Generationen von ungebrochenem Zauber. Hier liegen auch die schönsten Hotels. Die besten Restaurants finden sich wiederum auf der Sorrentinischen Halbinsel: Hier haben sich in den letzten Jahren einige hochkarätige Gourmettempel angesiedelt, die mit ihrer raffinierten, doch ganz mediterranen Küche Kam-

Geschichtstabelle

8.–5. Jh. v. Chr. Griechische Siedler gründen auf Ischia Pithekussai (770 v. Chr.), dann auf dem Festland Cumae; längs der Küste entstehen Griechenkolonien, darunter Neapolis

Ab 4./3. Jh. v. Chr. Romanisierung der Griechenstädte, die römische Oberschicht baut sich herrlich gelegene Villen

79 n. Chr. Ein Ausbruch des Vesuvs begräbt die römischen Städte Herculaneum, Pompeji und Stabiae unter Lava- und Aschemassen

6. Jh. n. Chr. Die Byzantiner setzen sich an der kampanischen Küste, die Langobarden im Hinterland durch

11.–13. Jh. Unter der Herrschaft der Normannen und der Staufer wächst Süditalien zur größten politischen Einheit vor der italienischen Nationalstaatsbildung 1861 zusammen

15.–18. Jh. Die neapolitanische Krone wird von den spanischen Aragonesern erobert

1647/48 Eine Steuer auf frisches Obst löst unter der Führung des Fischverkäufers Tommaso Aniello (»Masaniello«) die einzige Revolte während der Herrschaft der spanischen Vizekönige aus

1656 Die Pest tötet ein Drittel der Bevölkerung Neapels

1734 Süditalien wird dem Bourbonenkönig Karl III. zugeschlagen. Ihm verdankt die Stadt ihre Blütezeit. Die Ausgrabungen in Pompeji beginnen

1799 Blutige Niederschlagung der Parthenopeischen Bürgerrepublik

1860 Das Regime der Bourbonen findet sein Ende mit dem Vormarsch Garibaldis und den *plebisciti,* den großen Volksabstimmungen, die sich für den Anschluss an den neu gebildeten Nationalstaat Italien aussprechen

1943 In den *Quattro Giornate di Napoli* befreien die Neapolitaner ihre zerbombte Stadt von Faschisten und Nazideutschen

1950er-Jahre Beginn des zerstörerischen Baubooms in Neapel

1980 Schweres Erdbeben in Süditalien, schlimme Schäden in Neapel und Kampanien

1990er-Jahre Mit Bürgermeister Antonio Bassolino (heute Präsident der Region Kampanien) vom Linksbündnis Aufschwung Neapels

Seit 2001 Bürgermeisterin Rosa Russo Jervolino (Linksbündnis) setzt die Modernisierung fort

2004/05 Blutige Camorrafehden sowie Abfallprobleme trüben das Lebensgefühl in Neapel; verschärfte Sicherheitsmaßnahmen

panien auch für anspruchsvolle Feinschmecker höchst attraktiv machen.

Dass es die Götter mit dieser Gegend besonders gut gemeint haben, sieht man auch an den Märkten in den Orten und längs der Küstenstraße: überall Berge von Zitrusfrüchten, knackigen Artischocken, süßen Tomaten, vielerlei Gemüse, Aprikosen, Birnen, Trauben, Feigen, Mispeln, alles saftig und frisch gepflückt und ganz anders als im Supermarkt.

» Überall Berge von Obst, saftig und frisch gepflückt «

An die Amalfiküste schließt sich der Golf von Salerno an. Die uralte Hafenstadt hat sich in letzter Zeit sehr gemausert, zudem bildet sie den Auftakt zum Cilento. Der Cilento ist *die* Entdeckung der letzten Jahre und steht als ein positives Beispiel für das Zusammenspiel von geschützter Kultur- und vor allem Naturlandschaft und umweltverträglicher touristischer Entwicklung. Er beginnt mit Paestum, den wunderbar erhaltenen, antiken Göttertempeln noch in der Ebene des Flusses Sele, und erhebt sich dann zu stattlichen Bergmassiven mit Gipfeln von bis zu 1800 m Höhe. Hier lernt man ein altes Bauernland kennen und eine Küste aus phantastischen Steinformationen und traumhaften Sandbuchten. Im Landesinnern können Sie in naturgeschützten Wäldern wandern, geheimnisvolle Grotten besuchen und auf Bauernhöfen wohnen. An der Küste locken Campingplätze in Olivenhainen und Ferienanlagen am glasklaren Meer. Das ist genau der richtige Kontrast zum trubeligen Neapel.

Den Besuch Neapels beginnt man am besten ebenfalls mit einem Überblick: Fahren Sie mit dem frisch überholten Funicolare di Montesanto, einer der berühmten Standseilbahnen, die die auf unterschiedlichen Höhen gelegenen Viertel untereinander verbinden, hinauf zum Vomero, einem gutbürgerli-

Schwindel erregende Ausblicke bieten die Bergpfade an der Costa Amalfitana

chen Wohngebiet in der Höhe, und zur Kartause San Martino. Vom Garten der Kartause blickt man hinunter in die Straßenschluchten des *centro storico,* der Altstadt, in die drangvolle Enge heruntergekommener Stadtviertel wie der Quartieri Spagnoli oder Sanità. Hier gibt es noch die *bassi,* die fensterlosen Souterrainwohnungen, in denen gewohnt, gebetet und gearbeitet wird. Früher oder später werden Sie hinuntermüssen in dieses Straßenlabyrinth, in dem es von Menschen und Fahrzeugen nur so wimmelt, in die übervolle Enge und laute Lebendigkeit dieser alten Stadt. Andererseits ist Neapel eine der wenigen europäischen Großstädte, deren Zentrum noch den Bewohnern gehört und nicht zur sterilen Banken- und Bürocity saniert wurde.

»*Ein positives Beispiel für umweltverträgliche Entwicklung*«

Seit ein paar Jahren herrscht ein ganz neues Klima in der Metropole. Mit ehrlichen Bürgermeistern nach Jahrzehnten der Korruption und gut eingesetzten Geldern wurden heruntergekommene Palazzi, Parks und Plätze restauriert, allen voran die eindrucksvolle Piazza del Plebiscito mit ihrem klassizistischen Doppelsäulengang vor dem nicht minder eindrucksvollen Königspalast Palazzo Reale. Noch vor wenigen Jahren städtisches Busdepot, dann voll gestopfter Parkplatz, ist sie heute die Piazza der Neapolitaner, Fußgängerdorado, Kinderspielplatz, Konzert- und Versammlungsraum unter freiem Himmel. Hoch motivierte Bürgerinitiativen begannen sich für die Sanierung und Nutzung von vergammelten Palazzi und Kirchen einzusetzen. Heute florieren Ausstellungen und Konzerte, die großen neapolitanischen Museen wie das Schloss Capodimonte mit seiner berühmten Gemäldesammlung, das Archäologische Museum mit den Schätzen aus Pompeji, das sehenswerte Stadtmuseum mit den neapolitanischen Krippen in der alten Klosterkartause San Martino – sie alle sind neu geordnet und restauriert worden und ziehen Touristen in Scharen an. Und zu den alten Schätzen sind neue hinzugekommen: mit großen Aktionen zur Kunst der Gegenwart markiert man Plätze und U-Bahnhöfe, organisiert interessante Ausstellungen und bestückt neue Museen und Galerien.

Eine Gruppe von Amateurspeläologen hat die Unterwelt Neapels ausgekundschaftet: Zisternen, Höhlen, Tunnel im Tuffgestein noch aus der Zeit der Griechen und Römer, eine atemraubende Gegenwelt zu der Stadt oben im Tageslicht. Alternative Theatergruppen und Musiker experimentieren in dieser Unterwelt, längst eine Touristenattraktion.

Die Neapolitaner lieben ihre Stadt. Immer wieder wird man jemandem begegnen, dem es ein Anliegen ist, dem Touristen einen verborgenen Schatz, eine Kapelle, einen besonders schönen Innenhof zu zeigen – oft mit ausgesucht höflicher Freundlichkeit. Diese stolze Höflichkeit verweist auf eine hochkulturelle Vergangenheit, auf das antike Griechentum, auf dessen eindrucksvolle Spuren Sie überall auf einer Reise durch Kampanien stoßen, wie auch auf Zeugnisse jener Zeit, in der Neapel über Jahrhunderte die Kapitale eines König-

Die fruchtbare Lavaerde des Vesuvs sorgt für Kampaniens üppige Vegetation

reichs war, mit einem prächtigen, raffinierten Hof und allem, was dazugehört.

Die Besiedlung der süditalienischen Küste durch Exilgriechen begann 770 v. Chr., als die ersten auf Ischia landeten und die Kolonie Pithekussai gründeten. 45 Jahre später setzten sie bei Cuma aufs Festland über und gründeten Ansiedlungen im Gebiet Neapels.

» Eine Stadt, deren Zentrum noch den Bewohnern gehört «

Im Hinterland Kampaniens siedeln zunächst die Etrusker und Volksstämme aus dem Apennin, später betreten die Römer die Bühne. Sie lassen sich von der Schönheit des Golfs, der Küste Kampaniens und der Inseln verzaubern und vom griechisch geprägten Geistesleben Neapels faszinieren: Überall entstehen Thermen und prächtige Badevillen.

Mit dem Untergang des Römischen Reichs zerbricht die politische Einheit Italiens, die Zeiten, in denen immer wieder neue Völker und fremde Herrscherdynastien in den Süden vordringen, beginnt. 1137 nehmen die Normannen Neapel ein. Mit ihnen wird der Grundstein eines feudal-zentralistischen Verwaltungsapparats in ganz Süditalien gelegt: zunächst unter den Anjou, dann unter dem Haus Aragón, schließlich unter den Bourbonen bis zur Nationalstaatsbildung Italiens 1861.

Die Probleme Neapels – Arbeitslosigkeit, organisiertes Verbrechen, gnadenlose Zersiedelung, Umweltbelastung, Verkehrschaos – sind nach wie vor groß. Aber die positive Waagschale füllt sich von Jahr zu Jahr, auch angespornt von neuem touristischem Interesse an der Stadt. Und überhaupt – wer an den Golf von Neapel reist, sucht das Leben mit all seinen Widersprüchen und nicht nur den Liegestuhl.

Camorra, Heilige und Zahlenlotto

Notizen zu Pizza, »O sole mio« und anderen Neapelklischees

Caffè

Viele glauben, die Bezeichnung »Espresso« für eine kleine Tasse mit starkem Kaffee wäre typisch italienisch. Dabei sagen die Italiener dazu schlichtweg *caffè.* Eines der schönsten Traditionscafés Italiens ist das Gran Caffè Gambrinus in Neapel, gleich neben der großen Piazza del Plebiscito mit Blick auf den Palazzo Reale. Doch eigentlich trinkt man seinen *caffè* am Tresen der zahllosen Stehbars, die man an allen Straßenecken und Plätzen findet und deren Duft sich oft sogar gegen den Abgasgestank behauptet. Gilt der italienische *caffè* ohnehin als eine der weltbesten Arten, Kaffee zu trinken, so heißt es, in Neapel erlange er seine absolute Vollendung: vollmundig, aber nicht teerig, weich und doch kräftig, nicht bitter, nicht säuerlich. Was nicht einmal an besonders guten Kaffeesorten liegt, sondern viel eher an der unvergleichlichen Fähigkeit des oder der *barista,* die Espressomaschine zu bedienen: Es gilt, unter dem richtigen Druck die richtige Wasserdampfmenge im richtigen Tempo durch die richtige Dosierung des Kaffeepulvers zischen zu lassen. Die Neapolitaner meinen, es liege an ihrem Wasser. Oft süßt der Barmann von sich aus den *caffè,* tut Zucker auf den Grund des noch leeren Tässchens oder rührt nach vollbrachter Tat mit schwungvoller Geste ein Löffelchen in Kaffee aufgelöste Zuckermasse hinein. Im Sommer bekommen Sie ihn auch kalt als *caffè freddo* oder zu Eiskristallen gefroren als *granita.* Manchmal kann es in Neapel, und nur hier, passieren, dass jemand einen *caffè* trinkt, aber zwei im Voraus bezahlt *(caffè sospeso)* für einen Unbekannten, der irgendwann die Bar betreten wird, aber kein Geld hat, um sich eine Tasse dieses schwarzen Lebenselixiers zu gönnen – in Neapel ein Menschenrecht.

Traditionscafé Gambrinus: In Neapel ist der caffè kein Getränk, sondern Menschenrecht

Camorra

Wer sich eine Markenimitation auf den Straßenmärkten kauft, wirtschaftet damit gleichzeitig der Camorra zu. Sie bestimmt über die Standplätze der Fensterputzer, Taschentuchverkäufer, Parkplatzwächter. Das sind die Kleinigkeiten. Die großen Geschäfte, bei denen sie alljährlich Unsummen umsetzt, bestehen aus Drogen, Spielhöllen,

Prostitution, Wucher, Schutzgelderpressung. Und allzu gern mischt sie im Baugeschäft und in der Abfallwirtschaft mit – als so genannte Ökomafia.

Die Camorra geht zurück auf das 16. Jh., als die hochreligiösen Bourbonen spanische Soldaten nach Neapel brachten, aus der *guadagna,* einer ritterlichen Laienbruderschaft, die vor Gewalt nicht zurückschreckte, damals in Spanien sehr verbreitet war und gute Beziehungen zu Hof und Kirche hatte. Eine hierarchisch durchorganisierte Gesellschaft, in der man sich untereinander half und die nur ihre eigenen Gesetze kannte – ein Modell, das im engen Neapel erfolgreich Fuß fasste und mit der Zeit immer krimineller wurde. Viele Morde in Neapel lassen sich auf Camorrarivalitäten zurückführen. Fahndungserfolge gegen die verstreuten Clans gibt es immer wieder – und dank der Kronzeugen immer häufiger. Aber solange in Kampanien von 460 000 Arbeitslosen mehr als die Hälfte Jugendliche sind, die auf normalem Weg kaum Existenzchancen für sich sehen, wird die Camorra weiterhin Zulauf bekommen.

Canzone napoletana

Neapel ist eine musikalische Stadt, war im 18. Jh. Metropole des Melodramas, hat weltberühmte Sänger, Musiker, Komponisten hervorgebracht – und herrlich melodiöse Lieder, die bekannter als die Bibel sein dürften, allen voran *O sole mio,* dann *funiculì funiculà, Santa Lucia, Torna a Surriento, Marechiaro* und viele mehr. Die *canzone napoletana* eignet sich bestens als Werbejingle für die Stadt. Die nach wie vor sehr lebendige Musikalität produziert aber heute – neben dem folkloristischen Kommerz – ganz andere Klänge: Da ist die berühmte

Ästhetik und Verfall

Die Magie der Stadt ist Thema zeitgenössischer Neapel-Literatur

Neapel als Kosmos heftiger Gefühle und krasser Gegensätze hat Schriftsteller immer schon gereizt: Das zeigen z.B. die facettenreichen Erzählungen neapolitanischer Autoren des 20. Jhs. in »Neapel. Eine literarische Einladung«, herausgegeben von Dieter Richter. Der junge Autor Peppe Lanzetta erzählt in seinen Büchern »Roter Himmel über Napoli« und »Die Sehnsucht des Cattivotenente« vom heutigen Überlebenskampf. Cool, locker und ganz neu sind die Geschichten der Nachwuchsautorin Valeria Parrella über junge Frauen, die sich stadtneurotisch in Neapel durchschlagen: »Die Signora, die ich werden wollte«. Als Szenarium für einen Krimi bietet sich das unterirdische Neapel geradezu an: »Der Tote unter der Piazza« von Barbara Krohn. Und eine stimmungsvolle Reiselektüre sind die »Spaziergänge durch das literarische Capri und Neapel« der Journalistin Stefanie Sonnentag.

Nuova Compagnia del Canto Popolare, die altes Liedgut wiederbelebt hat. Mit modernen Rhythmen taten das Vokalisten wie Edoardo Bennato und Teresa de Sio oder die Gruppe Spaccanapoli, Meister des neapoletanischen Folk. Ein Klassiker des Neuen ist Pino Daniele, er mischt Jazz, Blues, Melodie, dazu Englisch und neapolitanischen Dialekt, und das in ganz Italien sehr erfolgreich. Alte Volkslieder, die mit dem stampfenden *tammurriata*-Rhythmus gesungen wurden, dienen heute jungen Gruppen wie Almamegretta für ihre schrägen Mixexperimente. Wer dagegen die klassische *canzone napoletana* gut gesungen hören möchte, sollte sich Namen wie Roberto Murolo und Massimo Ranieri merken.

Nicht nur in Neapel ein Objekt jugendlicher Begierden: das motorino

Heilige

Beim ersten Spaziergang durch die Stadt fällt es sofort ins Auge: An Straßenecken und in fast jeder Gasse begegnet Ihnen eine erleuchtete Wandkapelle, hinter Gitter oder Glas eine Madonnenfigur, ein Heiliger, von Lämpchen erleuchtet und mit Papier- und frischen Blumen geschmückt. Je ärmlicher die Gassen, umso liebevoller gepflegt erscheinen die kleinen Wandaltäre, in ihrer festlichen Beleuchtung oft in krassem Gegensatz zu den abgeblätterten, smoggrauen Häuserwänden. Allein in Neapel wird 52 verschiedenen Heiligen gehuldigt, darunter sieben Hauptheilige, an der Spitze natürlich San Gennaro, der Patron Neapels, der zweimal im Jahr mit der Verflüssigung seines Blutes unter inbrünstigen Gebeten der Gläubigen (am ersten Maisamstag und am 19. September) sein orakelhaftes Placet zum Schicksal der Stadt gibt. Einmal davon abgesehen, dass all das offen legt, wie sehr sich die Menschen den irdischen Geschicken ausgeliefert fühlen und Schutz suchen, mag ihre Vielzahl sicherlich auch als das Erbe der heidnischen Göttervielfalt der Antike, der Griechen und Römer, zu verstehen sein.

Klischees

Wohl nur wenige Städte sind mit so vielen Stereotypen behaftet wie Neapel. Gerade dieser Umstand sollte für den Besucher Anlass sein, sich der Stadt offen und vorurteilsfrei zu nähern. Sonst geht es ihm wie den Fotoreportern oder Journalisten, von denen manch Neapolitaner gern eine »Copyright«-Gebühr eintreiben würde: für die Aufnahme einer Frau aus dem Volk vor ihrem *basso,* der bis auf den Eingang fensterlosen, feuchten Einzimmerbehausung im Souterrain, in denen

Tausende neapolitanische Familien in der Altstadt leben, oder für das Foto in den schmalen Gassen hängender Wäsche.

Lotto

Die Neapolitaner, die an die Macht des Schicksals glauben, sind fanatische Lottospieler. Die Phantasie, wie an die »richtigen« Zahlen zu kommen sei, produzierte eine regelrechte Industrie von Zahlenorakeln und Ratgebern, wie man Träume, Ereignisse, Erlebtes interpretieren und in Zahlen umsetzen könnte. *Smorfie* werden diese Zahlenlisten genannt, eine Bezeichnung, die von Morpheus, dem Gott des Schlafs, hergeleitet wurde. Auf den Büchergrabbeltischen in der Altstadt finden Sie jede Menge illustrierte Bücher mit den *smorfie,* ein sehr neapolitanisches Kuriosum.

»MADRE« und »PAN«

Hinter diesen zwei Abkürzungen stecken die beiden neuen, aufregenden Sammlungen zeitgenössischer Kunst in schick restaurierten Palazzi inmitten der quirligen Altstadt Neapels. Mit MADRE (Museo d'Arte Contemporanea Donna Regina, *www.museomadre.it*), in dem die internationale Künstlerelite der letzten 40 Jahre ausstellt – darunter Joseph Beuys, Andy Warhol, Richard Serra, Jeff Koons, Mimmo Paladino – und mit PAN (Palazzo delle Arti di Napoli, *www.palazzoarti napoli.net*), dem Forum für neue, lebendige Kunst aus Neapel, koppelt sich diese uralte Stadt an die kulturelle Gegenwart an.

Pizza

Die Pizza muss »so rund werden wie der Golf von Neapel und so dünn, dass die Mitte fast durchsichtig ist und an den Rändern ansteigt wie eine Meeresküste«, so der neapolitanische Schriftsteller Domenico Rea. Doch das ist leichter gesagt als getan. Neben Ihrer seit Generationen währenden Erfahrung haben die Pizzabäcker Neapels die besten Zutaten frisch aus dem Hinterland: so für die *Pizza Margherita* die sonnensüßen Tomaten San Marzano und der sämige Büffelmozzarella oder *fior di latte* aus Kuhmilch, für die *Pizza Napoletana* dicke Sardellen und duftendes Oregano für die *Pizza Marinara.* Die Traditionsgilde »Associazione Verace Pizza Napoletana« schwört auf diese drei Pizzen als die einzig wahren – auch wenn es noch den *calzone* oder

Nirgends schmeckt sie so gut wie hier: pizza napoletana

ripieno gibt, eine mit Käse und Tomaten gefüllte Pizzateigtasche, und die *pizza fritta,* mit Tomaten, Ricotta und getrockneter Schweineschwarte gefüllt und dann in Öl frittiert, ein köstlicher Hammer. In Neapel wird jedes Jahr Ende September die Pizza mit einem großen Fest gefeiert. Als billiger Schnellimbiss tauchte der Mehlfladen im 18. Jh. auf den Straßen Neapels auf, allenfalls mit etwas Olivenöl und Oregano gewürzt. 1895 machten italienische Einwanderer die erste Pizzeria in Amerika auf. Heute ist die Pizza neben dem Hamburger weltweit der Imbiss schlechthin – allein in Italien gibt es über 30 000 Pizzerien. Doch trotz Globalisierung: am besten schmeckt sie nach wie vor in Neapel.

Reise- und Saisonzeiten

Zur Warnung: Die Hochsaison beginnt Mitte Juli und geht bis Ende August. Dann ballt es sich in den Badeorten an der Küste, in Sorrent, an der Amalfiküste. Vor allem aber werden die Strände im Cilento von den Einheimischen, den Salernitanern und Neapolitanern gestürmt. Das steigert sich am Wochenende und erst recht in der Zeit um den 15. August: Die Preise für Unterkunft in Hotels, Feriendörfern, Campingplätzen und Wohnungen verdoppeln und verdreifachen sich. Auch ein Fortkommen oder gar das Ergattern eines Parkplatzes an der Amalfiküste werden schier unmöglich. Mai, Juni und September sind für die Küste und den Cilento die schönste Reisezeit, danach – obschon oft immer noch schön – kann es schwer werden, ein offenes Hotel zu finden. Erst zu Ostern machen sie wieder auf, an der Amalfiküste belebt es sich noch mal zu Weihnachten und Silvester.

Weihnachtskrippen

In den neapolitanischen Weihnachtskrippen herrscht geschäftiges Treiben: Es werden Karten gespielt, Möbel gezimmert, Fische und Gemüse feil geboten, Wäsche gewaschen. Kinder und Hunde balgen sich, Bettler und Krüppel lungern herum. Man sieht Kamele, Hühner, selbst Eidechsen. Das alles spielt sich ab vor Kulissen aus Häusern, Ruinen, Felsen unter blauem Himmel mit Wölkchen und hübschen Engeln. Wonach man im Gewühl richtig suchen muss, ist der eigentliche Anlass für diese Inszenierung: Maria, Josef und das Jesuskind in seiner Krippe. Mit dem Bourbonen Karl III. explodierte diese Kleinkunst, jede Kirche, jede Familie wollte ihre Krippe, und was als Ansporn zu frommer Beschäftigung mit dem Thema Christi Geburt gedacht war, wuchs sich aus zu »einem kollektiven Wahnsinn des 18. Jhs. in Neapel« (Dario Cecchi). Hunderte von Kunsthandwerkern arbeiteten das ganze Jahr über. Die einen waren fürs Gemüse zuständig, andere für die Tiere. Große Künstler wie Sammartino und Vaccaro schufen wunderbare Figuren. Man kann sie im Museum San Martino bewundern. Tatsächlich ist die Krippenkunst ein weiteres Zeugnis für die Lust am Leben und an der Selbstdarstellung der Neapolitaner. Gehen Sie zu den Krippenhändlern auf der Via San Gregorio Armeno in der Altstadt, unter den Krippenfiguren findet man den beliebten Exbürgermeister Bassolino, Fußballstars, den Komiker Totò, aber auch Mutter Teresa und Osama Bin Laden.

Fingerfood alla napoletana

Auf fruchtbarer Lavaerde gedeihen Obst und Gemüse das ganze Jahr über

Kaum eine andere Gegend Italiens ist von der Natur so großzügig bedacht worden wie Kampanien. Vor den Toren Neapels breitet sich die *campania felix* aus, das »glückliche Land«: Hier liegen die sorgfältig gepflegten Felder aus dunkler, satter Vulkanerde, auf denen das ganze Jahr über unzählige Sorten von Gemüse und Obst gedeihen: Artischocken, Broccoli, *cime di rapa,* eine Art Rübensprossen, die typisch kampanischen *friarielli,* ein leicht bitteres Blattgemüse, kleiner grüner Spargel, Paprika, Auberginen, Zucchini, jede Art von Salat und Kohl.

Über allem aber steht die Tomate, Fleischtomaten, an der Amalfiküste die kleinen *pomodorini,* die büschelweise an der Sonne getrocknet werden, vor allem aber die birnenförmigen *San Marzano,* aus denen der *sugo* oder die *pummarola,* wie die Neapolitaner sagen, bereitet wird. Stundenlang muss der Tomatensud auf kleiner Flamme köcheln, damit er Säure und Wasser verliert, *peppare* nennt man das, wenn kleine Kraterbläschen, *pep pep pep,* die Feuchtigkeit ausspucken. *Pummarola* kommt auf *spaghetti* und *maccheroni, bucatini, fusilli, vermicelli, scialatelli, cavatelli* und wie die kurzen und langen Pastasorten alle heißen. Man kocht Fisch in *pummarola* genauso wie Fleisch, und auf der Pizza darf der rote Saft natürlich auch nicht fehlen. Oliven, Kapern, Oregano, Knoblauch, Peperoncino, Basilikum sind die Würzmittel. Neben den Tomaten spielt natürlich die Pasta eine entscheidende Rolle. In ganz Italien hoch geschätzt ist die Hartweizenpasta aus Gragnano, einem Städtchen über dem Golf von Neapel am Beginn der Sorrentinischen Halbinsel. Die klassischen hiesigen Sorten, die Sie auf den Speisekarten finden werden, sind die *maccheroni della zita,* dicke, lange Spaghetti, die großen Spiralnudeln *tortiglioni* und vor allem die kurzen, breiten Röhrennudeln *paccheri,* alle ideal zu Gemüse, Fisch, Fleisch.

Insider Tipp

Das Meer bestimmt die Küstenküche mit Sardellen *(alici),* mit Meerbarbe *(triglia),* Drachenkopf *(scorfano),* Barsch *(cernia),* Goldbrasse *(dorata),* Schwertfisch *(pesce spada),* Seezunge *(sogliola),* Makrele *(sgombro),* mit Tintenfisch *(polipo, calamare, seppia),* vor allem aber mit Miesmuscheln *(cozze)* und

Auch kulinarisch steht die Küste ganz im Zeichen der Zitronen

Neapolitanische Spezialitäten

Lassen Sie sich diese Köstlichkeiten gut schmecken!

alici marinate – rohe, in Zitrone marinierte Sardellen, als Vorspeise

all'acqua pazza – »in verrücktem Wasser«, Fisch in Tomatensauce

alla pizzaiola – Fleisch jeder Art in Tomatensauce mit Knoblauch und Oregano

babà – in Rum getränktes Hefegebäck

calzone – eine Tasche aus Pizzateig, die mit Schinken, Mozzarella, Ricotta und Parmesan gefüllt wird, ein deftiger Imbiss

caponata – süßsaurer Gemüseeintopf aus Auberginen, Paprika, Tomaten und Zwiebeln

caprese – berühmteste Sommerspeise Italiens: Mozzarella, Tomaten, Basilikum

gattò Santa Chiara – ein Ofeneintopf aus Kartoffeln, Ei, Schinken, Mozzarella und Provolone

impepata di cozze – im eigenen Saft gedünstete Miesmuscheln, mit Zitrone, Petersilie und frisch gemahlenem schwarzem Pfeffer gewürzt

mozzarella in carozza – paniertes, in Öl frittiertes und mit Mozzarella gefülltes Sandwich

parmigiana di melanzane – Gratin aus Auberginenscheiben, Tomaten, Mozzarella, mit Parmesan überbacken

pastiera – der süße Kuchen Neapels: Mürbeteig, mit Ricotta, gekochten Weizenkörnern, kandierten Früchten, Eiern und Gewürzen gefüllt

polipi affogati – in Tomatensud »ertrunkene« kleine Kraken

robba mischiata – gefüllte Teigtaschen, paniertes Gemüse, frittierte Reisbällchen, lauter Imbissköstlichkeiten auf die Hand

sfogliatelle – Blätterteigteilchen mit einer Füllung aus Ricotta, kandierten Früchten, Vanille und Zimt

sottoli – in Öl eingelegtes Gemüse, als Vorspeise und zu Schinken und Salami

spaghetti alle vongole – das wohl verbreitetste Nudelgericht, mit kleinen Venusmuscheln, Knoblauch und Petersilie

totani e patate – Eintopf aus Tintenfischen und Kartoffeln

zucchine a scapece – frittierte Zucchinischeiben, mit einem Schuss Essig und Minze kalt angemacht

den geliebten Venusmuscheln *(vongole veraci)*. Eine echte Delikatesse sind die Sardellen aus Cetara an der Amalfiküste wie auch aus Pisciotta an der Küste des Cilento.

Neben Schwein *(maiale)* und Rind *(manzo)* isst man vor allem im Cilento gerne Zicklein *(capretto)* und Lamm *(agnello)* und auf Ischia – aber nicht nur hier – Kaninchen *(coniglio)*. Auch Büffelfleisch erfreut sich wachsender Beliebtheit. Gemüse wird in Öl eingelegt, gefüllt, gegrillt, mit Zitrone, Knoblauch und Peperoncino gewürzt. Aber auch die Pasta wird mit Gemüse angemacht.

Ganz wichtig ist in Kampanien Süßes, in jeder *pasticceria* wird Ihnen das Wasser im Munde zusammenlaufen, und sogar Auberginen werden hier zu Lande, mit Schokoladensauce überzogen, als Dessert serviert. Wichtige Zutaten sind kandierte Früchte und vor allem Ricotta, der Frischkäse aus Kuh- oder Schafmilchmolke.

Überhaupt gibt es in Kampanien ein paar ausgezeichnete Käsesorten. König ist sicherlich der Mozzarella aus Büffelmilch *(di bufala)*, locker, saftig und sahnig, ein Gedicht und in nichts zu vergleichen mit dem knautschigen Supermarktmozzarella. Andere frische Käse sind der *scamorza*, den man gern geräuchert oder gegrillt isst, und der hellgelbe *provolone*, mit dem man häufig Pizzataschen füllt. Und zu allem passt das köstlich-kräftige Landbrot.

Für den kleinen Hunger zwischendurch können Sie sich auch in einer *rosticceria* oder *tavola calda* mit *robba mischiata* auf die Hand versorgen: Fingerfood *alla napoletana*.

Kampanien hat natürlich auch seine eigenen Weine, und das schon seit 3000 Jahren. Von den Hängen des Vesuvs kommen weiße und rote Weine, die den dramatischen Namen *Lacryma Christi* tragen, Träne des Christus. Exzellente kampanische Weißweine sind *Fiano di Avellino* und *Greco di Tufo* oder der *Bianco d'Ischia*. Während der frische Fiano gut zu Fisch und vor allem Meeresfrüchten passt, trinkt man den fruchtigen, oft leicht moussierenden Greco di Tufo gern als Aperitif.

Vollmundige Rotweine sind *Taurasi* und *Falerno;* den Letzteren gibt es rot aus der Primitivorebe, aber auch weiß aus der klassischen Falanghinatraube. Der Taurasi hingegen wird aus der berühmten süditalienischen Rotweintraube Aglianico gekeltert. Eher schlicht, aber gleichwohl gut ist der leicht moussierende *Gragnano*.

Zu den regionalen Likören zählen der *limoncello* oder *limoncino* aus Zitrone, genauer: aus der besonders dicken Schale der typischen Amalfizitrone, *limone sfusato* genannt, und der Magenbitter *amaro Strega* aus Benevent; die Walnüsse aus den hiesigen Nussbaumplantagen sind dessen Grundzutat. Und krönender Abschluss einer jeden Mahlzeit ist natürlich ein *caffè*.

Zu guter Letzt: In vielen Restaurants ist die Speisekarte mittlerweile zusammengeschrumpft auf Spaghetti mit Meeresfrüchten und Fisch oder Fleisch vom Grill. Viele der in diesem Führer empfohlenen Restaurants versuchen jedoch, die Vielfalt der traditionellen Küche zu bewahren. Man sollte ruhig auch nach Besonderem fragen, mit oft angenehmen Überraschungen.

19
Sapori di

Keramik, Korallen und Krippenfiguren

Jeder Ort, jeder Stadtteil pflegt sein eigenes Handwerk: Diese Ecke Italiens ist eine einzige Fundgrube

Kunsthandwerk, Kleidung, Kulinarisches, edler Schmuck, Ramsch, Hehlerware: Diese Ecke Italiens scheint eine einzige Fundgrube zu sein. Und jedes Stadtviertel, jeder Ort hat sich auf ein über Generationen gewachsenes Handwerk spezialisiert. Etwa in *Neapels centro storico* entlang der Haupttrasse Spaccanapoli: Straßen voller Juweliergeschäfte, Straßen mit Musikinstrumenten, mit Buchläden, mit herrlich verkramten Papiergeschäften, Läden mit künstlichen Blumen aus Papier, Wachs, Seide, Straßen mit Antiquitäten und eine Straße nur mit Krippenfiguren, die Via San Gregorio Armeno, die sich zur Weihnachtszeit in einen bunten Bazar verwandelt.

Positano kreiert eine eigene Sommermode aus bunten, luftigen Stoffen, dazu auch handgemachte Sandalen und Espadrilles. Im chaotischen Küstenstädtchen *Torre del Greco* dreht sich alles um die Kunst, aus Korallen und Muscheln Schmuck und Gemmen zu schnitzen. In *Amalfi* und *Tramonti* hingegen hat die Tradition fein geschöpften Papiers überlebt, ein wunderbares Mitbringsel. Und in *Sorrent* blüht nach wie vor die Kunst der Intarsienlegerei: Schachteln und Kästchen, Tabletts, Bilderrahmen und vieles mehr.

Die an der Amalfiküste allgegenwärtigen Zitronen zieren häufig auch Teller und Töpfe, Vasen und Schalen

Vasen und Geschirr aus Keramik und Majolikakacheln gehören zum Traditionshandwerk an der Küste *(Vietri sul Mare)* und auf den Inseln *(Ischia)*. Die blüten- und kräutergeschwängerte Luft Capris inspirierte zu aromatischen Parfums, die im Labor Carthusia auf *Capri* aus lokalen Blumenessenzen hergestellt werden. Und überall bekommt man den *limoncello,* den köstlich frischen Zitronenlikör.

Der Moloch *Neapel* muss sich da ganz andere Erinnerungswege suchen. Bei *Napolimania* in der Via Toledo 312 gibt es jede Menge Souvenirs, die ironisch mit den Klischees der Stadt spielen: geistreiche Graffitisprüche oder die versiegelte Konservendose »Aria di Napoli« mit der Luft von Neapel, für masochistische Nostalgiker und von wahrlich anderer Beschaffenheit als die Blütendüfte Capris. Oder gar ein rotes Hörnchen gegen den *malocchio,* den bösen Blick? Für alle Fälle …

Insider Tipp

Feste, Events und mehr

Religiöse Inbrunst und lärmende Begeisterung prägen den Festkalender

Offizielle Feiertage

1. Januar Neujahr *(Capodanno);* **6. Januar** Dreikönigstag *(Epifania);* **Ostersonntag und Ostermontag** *(Pasqua* und *Pasquetta);*

Eindrucksvoll: Madonna dell'Arco

25. April Tag der Befreiung vom Faschismus *(Liberazione);* **1. Mai** Tag der Arbeit *(Festa del Lavoro);* **2. Juni** Tag der Republik *(Proclamazione della Repubblica);* **15. August** Mariä Himmelfahrt *(Ferragosto);* **1. November** Allerheiligen *(Ognissanti);* **8. Dezember** Mariä Empfängnis *(Immacolata Concezione);* **25. Dezember** Weihnachten *(Natale);* **26. Dezember** *(Santo Stefano)*

Feste und Veranstaltungen

Botti, botti, sempre botti – Knaller, Knaller, immer Knaller – ist das Motto der Neapolitaner, gleich, was es zu feiern gibt: Höllenlärm zu Weihnachten, Silvester, zum Fest des Schutzpatrons und wenn der Fußballverein Napoli gewinnt; dazu überall improvisierte Straßenmärkte mit Knallern und Raketen aus Werkstätten und Heimarbeit.

Ostern

In der *settimana santa* ziehen vielerorts *Prozessionen* durch die Straßen, die eindrucksvollsten am Karfreitag auf Procida und in Sorrent. Am Ostermontag *(Pasquetta)* ziehen die Familien in Scharen raus zum Picknick – dem großen Resteessen – an den Strand, in den Wald, auf die Wiese.
Am Ostermontag wird im Santuario von Sant'Anastasia beim *Lunedì in Albis* nahe Pomigliano d'Arco am Fuß des Vesuvs die Insider Tipp *Madonna dell'Arco* gefeiert, mit gewaltigem Volksauflauf und den weiß gekleideten, ekstatisch-frommen Pilgergruppen *fujenti.* Die Wallfahrtskirche lohnt allein wegen ihrer sehr eindrucksvollen Sammlung von Insider Tipp Votivbildern, einer Chronik des Unglücks von Piratenüberfällen des 16. Jhs. bis zu heutiger Drogenabhängigkeit.

Mai
Maggio dei Monumenti: An den Wochenenden öffnen in Neapel und Umgebung Villen, Klöster, Paläste, Kirchen, Gärten ihre Pforten, dazu Konzerte, Tanz und Theater.

Ende Mai
Sailing-Cup-Regatta: traditionelle Segelregatta bei Capri

Sonntag nach dem 22. Juni
★ *I Gigli* in Nola bei Neapel: Acht riesige, bunte Türme tanzen auf den Schultern der Mitglieder der alten Handwerksgilden durch die Gassen.

24. Juni
★ *Festa di San Giovanni Battista* in Buonopane auf Ischia. Auftakt ist am Vorabend der symbolische Schwerttanz »'ndrezzata«.

Juni, Juli, September
Festival Musicale di Ravello: seit Wagner ein Ort musikalischer Leidenschaften, reichhaltiges Konzertprogramm *(www.ravellofestival.it)*

Ende Juni/Anfang Juli
Leuciana Festival: in Capua, Caserta und San Leucio, der bourbonischen Seidenstadt, Theater, Ballett, Konzerte, am letzten Juniwochenende historisches Fest der Seidenspinner

Mitte Juli
Neapolis: Openairfestival mit hochkarätigen Rockstars aus Neapel, Italien und dem Ausland in der Arena Mostra Oltremare in Neapel *(www.neapolis.it)*

Zweite Julihälfte
Opern und Konzerte in den Antiche Terme Romane von Baia *(www.infocampoflegrei.it)*

15. August
Ferragosto, der Höhepunkt des italienischen Sommers am Tag der Himmelfahrt Mariens, ist überall und für alle ein Fest.

Ende August
Le Notti del Mito: In der spektakulären Grottendiskothek Il Ciclope bei Marina di Camerota wird das Ende des Sommers mit einer phantastischen Party in griechisch-mythologischen Kostümen gefeiert.

September
Um den 8. September (Mariä Geburt) viele *Marienprozessionen;* außerdem der Monat der *Schlemmerfeste* (Wein, Kastanien u.v.m.)

Karfreitagsprozession auf Procida

BARBARO

Kastelle, Katakomben und pralles Leben

Neapel fasziniert über wie unter seiner bewegten Erde

Karte in der hinteren Umschlagklappe

Ein bisschen Herzklopfen hat man ja vor dem Besuch der Stadt: Wird man sich im Chaos zurechtfinden? Hat man abends noch Handtasche und Fotoapparat? Große Wachsamkeit ist angeraten, das weiß auch die Polizei, die gerade in der Altstadt von Neapel und in der Nähe der Sehenswürdigkeiten besonders häufig patrouilliert. Was Chaos und Schäbigkeit betrifft, so macht das ja gerade den Reiz von Neapel aus. Dazu gesellen sich andere Lichtblicke: ausgesuchte Freundlichkeit, herzliches Lachen, lauschige Plätze, strahlendes Blau von Himmel und Meer, Düfte von *caffè,* süßem Gebäck und Pizza, schwungvolle Pracht und tief verwurzeltes Kulturbewusstsein.

Neapel hat aber auch längst eine hochmoderne Seite: Im Osten überragen die gläsernen Bürohäuser des Centro Direzionale die Stadt. Das Mandolinenklischee wird kontrastiert mit Aktionen zeitgenössischer Kunst auf der Piazza del Plebiscito oder mit der spektakulären Metro-Art in den neuen U-Bahnhöfen der

Klassischer Treffpunkt: die klassizistische Galleria Umberto I

Auch in den schmalen Altstadtgassen ist frisches Gemüse allgegenwärtig

Linie 1 (Dante, Museo, Materdei, Salvator Rosa), die von hochkarätigen Architekten und Künstlern wie Sol Lewitt, Michelangelo Pistoletto und Mimmo Paladino gestaltet wurden – ein regelrechtes Undergroundmuseum. Die alten Kastelle und Museen beherbergen heute gute Ausstellungen moderner Kunst, Teile der Altstadt sollen für den Verkehr gesperrt werden, und erste Anzeichen für die Aufwertung heruntergekommener Viertel wie Sanità und Quartieri Spagnoli zeigen sich durch junge, kreative Galerien und Läden, schicke B-&-B-Adressen und neue Hotels in alten Palazzi.

Napoli, die Hauptstadt der Region Kampanien, ist die drittgrößte Stadt Italiens. Zehnmal so dicht besiedelt wie Florenz, zählt sie 1 Mio. Einwohner, schwillt aber

Das Castel Nuovo, das Neue Schloss, hat auch schon 700 Jahre auf dem Buckel

mit den Peripheriezonen, die als wilde Zersiedelung moderner Schäbigkeit über das natürliche Amphitheater am Golf hinauswuchern, auf 3 Mio. an. Im dichten Geflecht verbergen sich allein 300 Kirchen, zahllose Paläste, Burgen, Klöster. Jede Epoche, jede Herrschaft hat ihre Insignien hinterlassen: mittelalterliche Kastelle und gotische Kirchen, denen die strenge Pracht des Barocks der Gegenreformation ein neues Gesicht verlieh. Im 18. Jh., als Neapel eine der glänzendsten und bedeutendsten Städte Europas war, ließ der »gute König Karl« das prächtige Theater San Carlo, gewaltige Residenzen wie Capodimonte oder – vor den Stadttoren – Caserta und Portici errichten. Gleichzeitig entstand die riesige Armenherberge Albergo dei Poveri.

Sie sollten die nicht sehr weitläufige Innenstadt mit ihren im Gassengewirr versteckten Sehenswürdigkeiten am besten zu Fuß erkunden. Die Standseilbahnen helfen dabei, in die höher gelegenen Stadtviertel zu gelangen. Die zentrale Achse *Spaccanapoli* teilt das *centro storico* in zwei Teile *(spaccare* = spalten) und heißt auf dem Stadtplan Via Benedetto Croce/Via San Biagio dei Librai.

Eine weitere Orientierungslinie ist die *Via Toledo,* die als Prachtstraße zur Zeit der spanischen Vizekönige entstand und heute eine der Hauptgeschäftsstraßen der Stadt ist: Von der einstigen Reggia Capodimonte führt sie hinab gen Meer und flankiert die chaotischen Viertel Sanità zur Linken, Quartieri Spagnoli zur Rechten (nun müssen Sie besonders gut auf Tasche und Fotoapparat aufpassen). Vielleicht schließen Sie sich hier einer der kenntnisreichen Führungen durch den Kulturverein *Vivi Quartieri (Infos in »Qui Napoli« sowie unter Tel. 08 15 53 45 65 und info@viviquartiere.it)* an. Dann berührt die Via Toledo an der Piazza Dante die historische Altstadt und erreicht schließlich den Palazzo Reale an der Piazza del Plebiscito.

Am Meer liegt das Viertel Santa Lucia; von den Uferstraßen Via Nazario Sauro und Via Partenope blicken die großen, luxuriösen Traditionshotels auf den Felssplitter des Castel dell'Ovo. Im Norden und Westen der Stadt breiten sich die Viertel von »Napoli bene« aus, das großbürgerliche Chiaia-San Ferdinando mit stattlichen Wohnhäusern (und ein paar netten Hotels), feinen Läden und der eleganten Piazza dei Martiri oder das höher gelegene, etwas anonymere Viertel Vomero. Für den Bummel ein Tipp: Oft säumen die Fronten alter Adelspaläste die Gassen, schauen Sie also in jedes offene, meist stattlich gerahmte Portal – häufig überraschen sie mit wunderbaren Innenhöfen und Treppenhäusern. Im Mai hat Neapel besonders viel zu bieten: An den Wochenenden finden Führungen, Ausstellungen, Konzerte statt und viele sonst geschlossene Kirchen, Palazzi und Klöster sind geöffnet. Programm Maggio dei »Monumenti« unter *www.comune.napoli.it.*

SEHENSWERTES

Castel Nuovo **[U D5]**

★ Von Karl I. von Anjou Ende des 13. Jhs. gebaut, daher auch *Maschio Angioino* genannt. Mit Übernahme der Herrschaft durch die Spanier wurde es völlig umstrukturiert und der wunderbare Renaissancebogen (1453–1470) gebaut. Sehenswerte Innenausstattung mit Gemälden und Kapelle, der *Cappella Palatina* sowie

MARCO POLO Highlights »Neapel«

★ **Palazzo dello Spagnolo**
Einer der Vorreiter für die typischen offenen Treppenhäuser Neapels (Seite 31)

★ **Museo Nazionale di San Martino**
Quirliges Leben im Kleinformat: die Krippensammlung des Klosters (Seite 35)

★ **Castel Nuovo**
Schöne Steinmetzarbeiten am Renaissancebogen des mächtigen Kastells (Seite 29)

★ **Cuma**
Hier orakelte die berühmte griechische Seherin Sibylle (Seite 41)

★ **Chiostro delle Clarisse**
Laubengänge mit Bänken aus farbenprächtigen Majoliken (Seite 33)

★ **Museo Archeologico Nazionale**
Herrliche Mosaiken und Malereien aus Pompeji (Seite 34)

★ **Napoli Sotterranea**
Neapels Unterwelt: Griechische Zisternen und römische Vorratshöhlen (Seite 30)

★ **Museo Campano**
Archaische Votivfiguren aus Tuffstein im Museum von Capua: Mütter mit Wickelkindern im Arm (Seite 41)

der prachtvollen *Sala dei Baroni,* in der heute der Stadtrat tagt. *Mo–Sa 9–19 Uhr, Piazza Municipio/Via Vittorio Emanuele III*

Castel dell'Ovo/ Borgo Marinari **[U D6]**

Ein mythischer Ort auf dem Inselchen vor der Stadt: Vergil soll ein Ei in die Mauern des Kastells *(Mo bis Sa 8.30–18, So 8.30–14 Uhr)* eingebaut haben, begleitet vom Orakel, dass Neapel so lange bestehen wird, wie dieses Ei unversehrt bleibt. Der Zugang zur Burg – heute aufwändig restauriert und Kongresszentrum – erfolgt über einen kleinen Brückendamm. Der Burg zu Füßen liegt der *Borgo Marinari,* einst eine Fischersiedlung, heute lebhafter Treffpunkt mit Cafés und exklusiven Yacht- und Ruderclubs.

Castel Sant'Elmo **[U C4]**

Vom dritten Kastell, einer sternförmigen Festung aus der Zeit der Anjou am Ostrand des Vomeroplateaus, haben Sie einen wunderbaren Blick auf den Golf. Die anspruchsvollen Kunstausstellungen, mit denen sich Neapel in den letzten Jahren einen Namen gemacht hat, werden meist hier ausgerichtet. Vor dem Castel liegt das große Kartäuserkloster *Certosa di San Martino* (heute Museum, siehe dort). *Do–Di 9–18.30 Uhr, Via Tito Angelini*

Duomo San Gennaro **[U E3]**

Im Innern des über die Jahrhunderte reich ausgestatteten Doms (Anfang 14. Jh.) hütet eine prächtige Barockkapelle die Blutreste des Stadtpatrons San Gennaro, die sich zweimal im Jahr, im Mai und im September, wundersamerweise verflüssigen. Unterm Dom zeigen *Ausgrabungen (Mo–Fr 9–12 und 16.30 bis 19, Sa/So 9–12 Uhr)* Reste des griechischen, römischen und mittelalterlichen Neapel. Und im neuen *Dommuseum (Di–Sa 9.30 bis 14.30, So 9.30–19 Uhr)* werden in Wechselausstellungen die Kostbarkeiten des reichen Domschatzes vorgeführt. *Via Duomo*

Insider Tipp

Galleria Umberto I **[U D5]**

Die typische, elegante Einkaufspassage der Großstädte Ende des 19. Jhs. *Via Toledo/Via San Carlo*

Gesù Nuovo **[U D3]**

Gesù Nuovo war die Kirche der Jesuiten Neapels. 1584 gebaut, ist sie ein mächtiges Beispiel neapolitanischen Barocks. Ihre düstere Diamantenquaderfassade ist der Rest eines Adelspalastes von 1470. *Piazza del Gesù Nuovo*

Katakomben

Hinter der Basilica della Madre del Buon Consiglio auf dem Weg hinauf nach Capodimonte geht es hinunter in den mit Fresken ausgemalten unterirdischen Friedhof der ersten Christen, in die *Catacombe di San Gennaro (Einlass Di–So 9, 10, 11, 12 Uhr, Tondo Capodimonte,* **[U D1]***).* Unweit liegen weitere Katakomben unter der sehenswerten Kirche Santa Maria della Sanità: *Catacombe di San Gaudosio (Führungen tgl. 9.30, 10.15, 11, 11.45, 12.30 Uhr, Via della Sanità,* **[U D2]***).* Sie stammen aus dem 5. Jh. n. Chr.

Napoli Sotterranea (Unterirdisches Neapel) **[U E3]**

★ »Napoli Sotterranea« steht über einem versteckt in einem Seitengässchen der Via Tribunali liegen-

Zisternen, Tunnel, Höhlen: ein bizarrer Besuch in Neapels »Unterwelt«

den Portal. Hier steigt man hinab in Neapels Unterwelt, ein Labyrinth aus Tunneln, Zisternen, Vorratskellern, Kanalisationsgalerien, Höhlen, die schon die Griechen und Römer in den Lavatuff unter der Stadt getrieben hatten – jüngst hat man sogar die Reste eines griechisch-römischen Theaters entdeckt –: unterirdische Steinbrüche, aus deren Tuffquadern man die oberirdischen Häuser baute und die zuletzt als Müllgruben und im Krieg als Luftschutzkeller dienten. *Führungen, auch in Deutsch, durch den Verein »Napoli Sotterranea« Mo–Fr 12–16, Do auch 21 Uhr, Sa/So 10–18 Uhr, Piazza San Gaetano 68, www.napolisotterranea.org*

Orto Botanico (Botanischer Garten) **[U E1–2]**

Ein größerer Kontrast ist kaum vorstellbar: aus den lärmenden, abgasverpesteten Straßen beim Albergo dei Poveri in die Ruhe dieses Gartenparadieses. Hinter hohen Mauern liegt ein schöner botanischer Garten mit wertvollen Pflanzen. *Mo–Fr 9–14 Uhr nach vorheriger (auch kurzfristiger) Anmeldung unter Tel. 081 44 97 59, Via Foria 223*

Palazzo dello Spagnolo **[U D2]**

★ Im Rione Sanità, einem der chaotischen Viertel im historischen Zentrum, stehen besonders interessante Beispiele für die kühne spätbarocke Architektur des großen Architekten Ferdinando Sanfelice (1675–1748), der mit seinen *scale aperte,* den offenen Treppenhäusern, Schule machte, allen voran der Palazzo dello Spagnolo gegenüber der ebenfalls sehenswerten Kirche *Padri della Missione* vom ebenso berühmten Architekten Luigi Vanvitelli. Als Anzeichen für neuen Wind in den alten Vierteln befinden sich im ersten Stock des Palazzos ein kleines *Marionettenmuseum (Tel. 081 19 56 76 74, www.iteatrini.it)* mit Theateraufführungen, im zweiten Stock die international renommierte Avantgardegalerie *Fondazione Morra (Mo–Fr 10–19*

Uhr). Sanfelice baute 1728 für sich selbst ein paar Schritte weiter den phantastischen *Palazzo Sanfelice (Via Arena della Sanità 2–6)* und im Chiaiaviertel den *Palazzo Serra di Cassano (Via Monte di Dio 14,* **[U D6]***). Largo dei Vergini 19*

Piazza del Plebiscito/ Palazzo Reale **[U D5]**

An der großartigen klassizistischen *Piazza del Plebiscito,* im 19. Jh. Aufmarsch- und Festplatz, heute Flanier-, Spiel- und Konzertstätte, liegt der große Königspalast, der *Palazzo Reale.* Er wurde 1602 zur Zeit der spanischen Vizekönige von Domenico Fontana gebaut. 1727 entstand das (Insider Tipp) prächtige Treppenhaus. Im Palast sind Gemächer, Hoftheater, eine Gemäldesammlung und Gärten zu besichtigen *(Do–Di 9–19 Uhr).* Gegenüber beeindruckt die dem Pantheon nachempfundene Kuppelkirche *San Francesco di Paola* (19. Jh.).

Posillipo und Marechiaro **[O]**

An Neapels Bucht entlang gen Südwesten geht es hinauf ins traditionelle Villenviertel ★ *Posillipo:* Refugium des wohlhabenden Bürgertums, der Neureichen und der alten Adelsfamilien, die ihre Paläste im chaotischen Stadtinnern längst verlassen haben. Die Villen liegen in verwunschenen Gärten am Hang des Monte Posillipo bis hinunter ans Meer. Ihnen vorgelagert ist die hochromantische Halbruine ★ *Palazzo Donn'Anna.* Alles sehr privat, auch der Zugang zum Meer. Ein paar öffentliche Strandbäder gibt es. An Posillipo schließt sich der ehemalige Fischerort ★ Marechiaro an, ein beliebter Ausflugsort mit Restaurants am Meer wie dem *La Vela (tgl., Via Marechiaro 37, Tel. 08 17 69 23 13, €€).* Unterhalb Posillipos bei der Discesa Coroglio kommt man an die griechischen Gründungsspuren von Pausilypon: die *Grotte von Seiano (Di,*

Klassizistisch: die Piazza del Plebiscito mit der Kirche San Francesco di Paola

Do, Sa 9.30, 10.30, 11.15 Uhr), ein mächtiger, 700 m lang durch das Tuffgestein getriebener Tunnel verbindet mit den Resten eines griechischen Theaters und antiker Villen.

San Domenico Maggiore [U D3]
Auf Grund von Erdbeben und Bränden ist wenig vom ursprünglich gotischen Bau übrig geblieben. Heute zeigt sich diese Kirche in elegantem Barock. Als eines der wichtigsten Gotteshäuser Neapels beherbergt es zahlreiche Grabmäler neapolitanischer Könige (Anjou, Aragón) und des Adels. *Piazza San Domenico Maggiore*

San Gregorio Armeno [U E3]
An der Straße der Krippenbauer erhebt sich dieses Kloster der einstigen Adelsdamen Neapels, das im Innern mit einer prachtvollen Barockkirche und einem zauberhaften Klostergarten aufwartet – eine Oase im Altstadtgewühl. *Mo–Sa 9–12 Uhr, Via San Gregorio Armeno*

San Lorenzo Maggiore [U E3]
Eine stattliche Kirche in französischer Gotik. Sehenswert sind auch die *Ausgrabungen*, die in den Fünfzigerjahren des 20. Jhs. unter der Kirche entdeckt wurden: auf griechischen Mauerresten eine gut erhaltene römische Ladenstraße mit Backstube, Weinkneipe und den Resten eines Marktplatzes. *Ausgrabungen Mo–Sa 9.30–17.30, So 9.30 bis 13.30 Uhr, Piazza San Gaetano*

Santa Chiara [U D3]
1943 bei Bombenangriffen schwer beschädigt, wurde die große, eindrucksvolle Klosterkirche in ihrem ursprünglichen, französisch-gotischen Stil wieder aufgebaut. Im Innern liegen zahlreiche Könige und Adlige begraben. Das Grab von Robert von Anjou ist das größte Grabmal des Mittelalters. Im Hof des Kreuzgangs bezaubert der ★ *Chiostro delle Clarisse*, ein Klostergarten mit majolikagekachelten Sitzbänken, duftenden Zitronen- und Orangenbäumen und schönen Laubengängen – eine Oase für müde Touristen und Mütter mit Kleinkindern. Im Vorraum zum Klostergarten kann man eine riesige Weihnachtskrippe aus dem 18./19. Jh. voll prallen Lebens bestaunen. 1996 ist zudem das *Museo dell'Opera di Santa Chiara* mit Kunstwerken und Ausgrabungsstücken eröffnet worden. *Klostergarten und Museum Mo–Sa 9.30–18.30, So 9.30–14 Uhr, Via Benedetto Croce/ Via Santa Chiara 49 c, www.santachiara.info*

Majolikapracht unter Zitrusbäumen: Kreuzgang im Kloster Santa Chiara

Santa Maria del Carmine [U F3–4]
Nach seiner Enthauptung fand hier der letzte Stauferkönig, Konradin, seine Ruhestätte. Auffallend ist der mit grüngelben Majoliken geschmückte Kirchturm. *Piazza del Carmine*

Teatro San Carlo **[U D5]**
Weltberühmter, wunderschöner Tempel des Melodramas, 1737 auf Initiative des Bourbonenkönigs Karl III. nahe beim Königspalast errichtet. Auch heute renommiertes Programm. *Führungen Sept.–Juli Mo bis Fr 9–19, Sa/So 9–18 Uhr, Via San Carlo 93*

MUSEEN

Acquario **[U B5]**
Im Park der Villa Comunale steht das älteste Aquarium Europas. *März–Okt. Di–Sa 9–18, So 9–19.30 Uhr, Nov.–Feb. Di–Sa 9–17, So 9 bis 14 Uhr*

Cappella Sansevero **[U D3]**
Der neapolitanische Totenkult findet in der Rokokokapelle des Fürsten und Alchimisten Raimondo di Sangro seinen ästhetischen Höhepunkt im marmorverschleierten Christus von Giuseppe Sammartino (1753). In der Krypta das Zeugnis eines makabren Experiments: das versteinerte Arteriengeflecht zweier Toter, vermutlich zweier Bediensteter, denen der wahnsinnige Raimondo bei lebendigem Leib eine verhärtende Flüssigkeit in die Adern gespritzt haben soll. *Mo und Mi–Sa 10–17.40, So 10–13 Uhr, Via de Sanctis 19*

Perfektion der Antike und Funde aus Pompeji: Museo Archeologico

Museo Archeologico Nazionale **[U D2–3]**
★ Beispiellose Sammlung antiker Kunst und Kultur des Mittelmeerraums vom 8. Jh. v. Chr. bis zum 5. Jh. n. Chr. aus der zweiten Hälfte des 18. Jhs., einer Zeit, in der das Interesse an antiker Archäologie und Kunst Europa wie ein Fieber durchzog. Neapel stand mit den Ausgrabungen von Herculaneum und Pompeji, die 1748 begonnen hatten, im Mittelpunkt dieses Interesses. Hinzu kamen Skulpturen aus römischen Ausgrabungen (Forum, Caracalla-Thermen) sowie römische Kopien altgriechischer Bildhauerkunst – antike Perfektion, die schon die Römer in Bann geschlagen hatte, nach den Ausgrabungen in Rom den Stil der Renaissance prägte und schließlich, im 18. Jh., den Klassizismus.

Zu den Höhepunkten aus Pompeji, Herculaneum und Stabiae gehören die Skulpturen und vor allem die kunstvollen Mosaiken und Fresken, wunderbar zarte Landschafts- und Porträtmalereien aus den pompejanischen Villen. Außerdem darf man neuerdings ins *Gabinetto Segreto*, die bislang unter Verschluss gehaltene Sammlung erotischer Darstellungen aus den Freudenhäusern Pompejis – fein und unmissverständlich! Nach dem Museumsbesuch lädt die gegenüberliegende *Galleria Principe di Napoli* im Jugendstil zum Bummel und vielleicht auch einem Snack ein. *Mi–Mo 9–20 Uhr, Piazza Museo*

Museo e Gallerie Nazionali di Capodimonte **[U D1]**

Der strenge, rotgraue Palast hoch über der Stadt beherbergt die königliche Gemäldesammlung von italienischen Meistern wie Tizian, Mantegna, Caravaggio und vielen anderen, von Niederländern wie Pieter Brueghel, kurz: eine der reichsten Pinakotheken Italiens. Höhepunkt ist ein Salon gänzlich aus Porzellan, ein Werk der legendären Porzellanmanufaktur von Capodimonte. Im gepflegten Park voller Palmen spazieren am Sonntag die Familien. Dahinter dehnt sich ein großer Wald aus, die grüne Lunge der Stadt und Joggerparadies. *Do–Di 8.30–19.30 Uhr, Parco di Capodimonte*

Museo Nazionale della Ceramica **[U B5]**

Auf dem Vomero liegt inmitten des herrlichen Parks Villa Floridiana diese klassizistische Villa voller Kostbarkeiten aus Porzellan, Elfenbein, Korallen, Glas. *Mi–Mo 8.30 bis 14, Park tgl. 8.30–18.30 Uhr, Via Cimarosa 69*

Museo Nazionale di San Martino **[U C4]**

★ Der Blick, der Garten, die phantastischen neapolitanischen Krippen im Museum sowie die historischen Ansichten zu Neapel und dem Golf, dann die Sakristei, die Klosterkapelle und der Kreuzgang: alles triftige Gründe für den Besuch des imposanten Kartäuserklosters San Martino (14. Jh.), gut mit der Standseilbahn Montesanto–Vomero zu erreichen. *Do–Di 8.30–19.30 Uhr, Largo San Martino*

Pio Monte della Misericordia **[U E3]**

Dieses 1601 gegründete Wohltätigkeitsinstitut ist heute noch aktiv. Besuchen Sie die dazugehörige Kirche mit einem Altarbild von Caravaggio sowie die reiche Bildersammlung im ersten Stock. *Do–Di 9–14.30 Uhr, Via Tribunali 253*

Quadreria Girolamini **[U E3]**

Die hochkarätige Bildersammlung (Luca Giordano, Guido Reni, Francesco Solimena u. a.) gehört zum riesigen Klosterkomplex Convento dei Girolamini aus dem 16. Jh. gegenüber vom Dom. Die Klosterkirche und die berühmte historische Bibliothek werden zzt. restauriert. *Mo–Sa 9.30–12.50 Uhr, Via Duomo 142*

Villa Pignatelli/Museo Principe Aragona Pignatelli Cortes **[U B5]**

Die Villa von 1826 in einem hübschen Garten an der Uferstraße Riviera di Chiaia gibt mit ihrem edlen Mobiliar und Porzellanschätzen Aufschluss über die einstige Wohnkultur des neapolitanischen Adels. Die Kutschensammlung wird zzt. restauriert. *Mi–Mo 8.30–14 Uhr, Riviera di Chiaia 200*

ESSEN & TRINKEN

Cafés, Pasticcerie, Gelaterie

Das Traditionscafé schlechthin ist *Gambrinus (Piazza Trento e Trieste,*

[U D5]); im Sommer sitzt man in den Cafés im *Borgo Marinari* **[U D6]** unter dem Castel dell'Ovo; sehr chic das *Gran Caffè La Caffettiera* an der schönen *Piazza dei Martiri* **[U C5]** in Chiaia. Neapels berühmteste Konditoreien sind *Scaturchio* (*Piazza San Domenico Maggiore,* **[U D3]**) und *Pintauro* (*Via Toledo 275,* **[U D4]**). Junge Leute treffen sich bis spätabends an den Eispavillons am Ufer von Mergellina **[U A6]**.

Amici Miei **[U D5]**
In diesem einladenden Lokal nahe der Piazza del Plebiscito trifft man sich nach dem Theater zu schmackhaften Fleischgerichten. *So-Abend und Mo geschl., Via Monte di Dio 77, Tel. 08 17 64 60 63, €€*

Cantina di Sica **[U B4]**
Ein gemütliches Lokal mit guten Weinen für den Besuch der Sehenswürdigkeiten auf dem Vomero. *Mo geschl., Via Bernini 17 bis, Tel. 08 15 56 75 20, €*

Cantinella **[U D6]**
Ein elegantes Spitzenrestaurant mit raffinierter Küche. An der Uferstraße von Santa Lucia mit Blick aufs Meer und das Castel dell'Ovo. *So, Okt.–April auch abends geschl., Via Cuma 42, Tel. 08 17 64 86 84, €€€*

George's **[U B5]**
Eine der besten Küchen Neapels, exzellenten Service und eine atemraubende Aussicht bietet dieses elegante Hotelrestaurant im Grand Hotel Parker's. *Tgl., Corso Vittorio Emanuele 135, Tel. 08 17 61 24 74, www.grandhotelparkers.it, €€€*

Di Matteo **[U E3]**
In der Altstadt Warteschlangen für die *robba mischiata,* gebackene Hefeteig-, Polenta-, Gemüsestücke und Reisbällchen. *So geschl., Via Tribunali 94, Tel. 081 45 52 62, €*

Sbrescia **[U A6]**
Oben im feinen Posillipo ein beliebtes Fischrestaurant mit phantastischer Aussicht auf den Golf. *Mo geschl., Rampe Sant'Antonio a Posillipo 109, Tel. 081 66 91 40, €€*

Terrazza Calabritto **[U C6]**
Im Chiaiaviertel mit Blick aufs Meer bei reichhaltigem Gemüsebuffet, hausgemachter Pasta und Fisch. *Mo geschl., Piazza Vittoria 1, Tel. 08 12 40 51 88, €€*

Hosteria Toledo **[U D4]**
Dem Trend zur Aufwertung der Quartieri Spagnoli, der tiefsten Altstadt Neapels, folgt dieses einladende Esslokal mit guter neapolitanischer Küche. *Di-Abend geschl., Vico Giardinetti a Toledo 78 a, Tel. 081 42 12 57, €–€€*

Trianon **[U E3]**
Familien an langen Tischen bei ausgezeichneter Pizza. *Tgl., Via Pietro Colletta 42, Tel. 08 15 53 94 26, €*

EINKAUFEN

Eine mittelalterliche Tradition, die bis heute im *centro storico* Neapels überlebt hat, sind Straßenzüge, die auf ein bestimmtes Handwerk, eine bestimmte Warenkategorie spezialisiert sind: Buchhandlungen und Bücherstände finden sich an der *Piazza Dante* und an der *Via San Biagio dei Librai* **[U E3]**. Für Musikinstrumente und CDs geht man in die *Via*

Galleria Umberto I: italienische Eleganz in Architektur und Geschäften

San Pietro a Maiella **[U D3]** und die *Via San Sebastiano* **[U D3]**. Zahllose Juweliere und Goldschmiede residieren an der *Piazza Orefici* **[U E4]** und deren Seitengassen. Ein touristischer Höhepunkt nicht nur zur Weihnachtszeit sind die Krippenläden und -werkstätten an der *Via San Gregorio Armeno* **[U E3]**. Die ganz edlen Modegeschäfte (alle **[U C5]**) verteilen sich auf die *Via Chiaia, Via dei Mille, Via Calabritto, Piazza dei Martiri* in Chiaia-San Ferdinando. Elegantes finden Sie auch in der *Galleria Umberto I* (**[U D5]** *Via Toledo/Via San Carlo)*, maßgeschneiderte Krawatten führt *Marinella (Via Riviera di Chiaia 287,* **[U C5]**). Und geschmackvolles Kunsthandwerk finden Sie bei *Manidesign (Via San Giovanni Maggiore Pignatelli 1,* **[U D3]**). Feine Schokoladenpatisserie bietet *Gay Odin (Via Chiaia 237,* **[U C5]**). Außerdem gibt es jede Menge Stadtteilmärkte mit Lebensmitteln, Haushaltswaren, Kleidung.

ÜBERNACHTEN

In der letzten Zeit bieten immer mehr Besitzer großer Altstadtwohnungen stilvolle B & B-Zimmer an (€–€€), eine reizvolle Möglichkeit, die Stadt von einer persönlicheren Seite kennen zu lernen. *www.hotel.portanapoli.com/bb-neapel; www.bb-napoli.com*

Insider Tipp

Chiaja Hotel de Charme **[U D5]**
In der ersten Etage eines Innenstadtpalazzos nahe der Piazza del Plebiscito und mit der Atmosphäre einer großen Nobelwohnung. *27 Zi., Via Chiaia 216, Tel. 081 41 55 55, Fax 081 42 23 44, www.hotelchiaia.it,* €€

Il Convento **[U D4]**
Das geschmackvolle, kleine Hotel liegt günstig nahe der zentralen Via Toledo. *14 Zi., Via Speranzella 137 a, Tel. 081 40 39 77, Fax 081 40 03 32, www.hotelilconvento.com,* €€–€€€

Campania Card

Ermäßigter Eintritt für Kampaniens Kulturschätze

Ein gutes Sparangebot ist dieser Touristenpass für drei bzw. sieben Tage Dauer, mit dem man je nach Kombination (13, 25, 28 Euro, junge Leute Preisnachlass) fast alle Museen und Ausgrabungsstätten in Neapel und der gesamten Region Kampanien gratis bzw. zum halben Preis besuchen kann, inklusive öffentlicher Verkehrsmittel und Archäobusse. Man erhält sie in den Touristenbüros, an Bahnhöfen und am Flughafen, in den Museen und in vielen Hotels. Bedenken Sie vor dem Erwerb, dass EU-Bürger bis 18 und ab 65 Jahren freien Eintritt in alle staatlichen Museen und Sehenswürdigkeiten haben (18–25 Jahre 50 Prozent Ermäßigung, Personalausweis!). *www.campaniartecard.it*

Costantinopoli 104 **[U D3]**
Ein reizendes, kleines Hotel in einer Villa mit verträumtem Garten und Pool nahe Piazza Bellini, eine Oase im Stadtchaos von Neapel. *19 Zi., Via Santa Maria di Costantinopoli 104, Tel. 08 15 57 10 35, Fax 08 15 57 10 51, www.costantinopoli104.com, €€€*

Insider Tipp **Dimora Sant'Eligio** **[U E4]**
Zwischen Hafen und Piazza Mercato, neu und geschmackvoll eingerichtet, mit Dachterrasse. *14 Zi., Via Bernardino Rota 36/39, Tel. 081 20 27 85, Fax 08 15 63 75 44, www.dimorasanteligio.it, €–€€*

Napolit'amo/ Centro Turistico **[U D4]**
Zwei frische Herbergen unter einer Leitung: das *Centro Turistico* im ersten Stock eines alten Stadtpalazzos *(13 Zi., Via Toledo 148, Tel./Fax 08 15 52 36 26)*, das *Albergo Napolit'amo* nahe dem Rathaus *(17 Zi., Via San Tommaso d'Aquino 15, Tel./Fax 08 14 97 71 10), www.napolitamo.it, €*

Ostello Mergellina **[U A6]**
Jugendherberge am Bahnhof Mergellina. *240 Plätze (2-, 4- und 6-Bett-Zimmer), Via Salita della Grotta 23, Tel. 08 17 61 23 46, Fax 08 17 61 23 91, €*

Palazzo Alabardieri **[U C5]**
Neues, feines Hotel in altem Palazzo im eleganten Chiaiaviertel. *33 Zi., Via Alabardieri 38, Tel. 081 41 52 78, Fax 081 19 72 20 10, www.palazzoalabardieri.it, €€€*

San Francesco al Monte **[U C4]**
Am Hügel der Kartause San Martino herrlich gelegenes, sehr stilvolles Komforthotel in den Gemäuern eines Klosters aus dem 15. Jh. mit phantastischem Ausblick, Restaurants und Pool. *44 Zi., Corso Vittorio Emanuele 328, Tel. 08 14 23 91 11, Fax 08 12 51 24 85, www.hotelsanfrancesco.it, €€€*

AM ABEND

Die warmen Abende begünstigen ein reges Nachtleben. Die Freaks sitzen auf der *Piazza San Domenico Maggiore* **[U D3]** in der Altstadt; Touristen, Kreative und Alternative gehen zur lauschigen *Piazza Bellini* **[U D3]**. Das etabliertere Publikum trifft sich unten im *Borgo Marinari* **[U D6]** oder auf der feinen *Piazza dei Martiri* **[U C5]** im bürgerlichen Viertel Chiaia. Hier finden sich auch die besten Aperitif-, Wein- und Diskobars. Angesagteste Weinbar ist zzt. die *Vintage Wine Bar (Via Bernini 37 a,* **[U B4]***)* nahe der Piazza Vanvitelli. Ein exzellenter Klassiker unter den Musikclubs mit Livemusik ist *Up Stroke (Via Coroglio 128,* **[O]***)* in Bagnoli. Ein erhebendes Erlebnis ist eine Oper, ein Konzert oder ein Ballett im prachtvollen *Teatro San Carlo* **[U D5]** *(Karten Via San Carlo 98 f, Juni, Juli, Sept. Mo–Fr 10–16.30, Okt. bis Mai Di–So 10–15 Uhr, Tel. 08 17 97 24 12, Fax 081 40 09 02, www.teatrosancarlo.it).* Auch in manchen Kirchen und Palazzi werden klassische Konzerte gegeben, z. B. die exzellenten Konzerte antiker neapolitanischer Musik des *Centro Musica Antica Pietà de' Turchini* in der Kirche *Santa Caterina da Siena (***[U C5]***, Via Santa Caterina da Siena 38, Tel. 081 40 23 95, www.turchini.it).* Programminformationen in der Tagespresse, z. B. in »Il Mattino«.

FÄHREN

Die Schiffe (Tragflügelboote und Autofähren) zu den Inseln und nach Sorrent starten vom *Porto Turistico Mergellina* **[U A6]** und vom *Molo Beverello* **[U D5]** beim Castel Nuovo sowie von Pozzuoli. In den Sommermonaten verkehren neuerdings Schnellboote *(www.metrodelmare.it)*, die Neapel mit den Orten an der Amalfi- und an der Cilentoküste verbinden.

AUSKUNFT

Stadt Neapel

Piazza Gesù Nuovo **[U D3]**, *Tel. 08 15 51 27 01*, und *Via San Carlo 9* **[U D3]**, *Tel. 081 40 23 94, gegenüber dem Theater, www.inaples.it);* außerdem: Touristeninformation der Stadt *(Osservatorio Turistico, Piazza del Plebiscito unter den Kolonnaden* **[U D5]**, *Tel. 08 12 47 11 23).* Überall erhalten Sie die Informationsbroschüre »Qui Napoli« in Italienisch/Englisch.

Provinz Neapel und Inseln

Im Hauptbahnhof **[U F3]**, *Tel. 081 26 87 79; Bahnhof Mergellina* **[U A6]**, *Tel. 08 17 61 21 02; Piazza dei Martiri 58* **[U C5]**, *Tel. 081 40 53 11, www.eptnapoli.info*

Konzert- und Theaterkarten **[U D5]**

Box Office, Galleria Umberto I 15, Tel. 08 15 51 91 88, Fax 081 40 15 88, info@boxofficenapoli.it

ZIELE IN DER UMGEBUNG

Campi Flegrei (Phlegräische Felder) **[116 B–C 4–5]**

Auch wenn die »brennenden Felder« rund 16 km westlich Neapels längst nicht mehr überall dampfen und zischen, veranschaulichen die Solfatara von Pozzuoli, Kraterseen, Ruinen und rissige Wohnhäuser die Unruhe im Erdinnern dieses Gebietes. Von Neapel aus sind sie gut mit der Metro oder der Bahn Ferrovia Cumana e Circumflegrea zu erreichen. Im chaotischen Siedlungsbild von *Pozzuoli* (75 000 Ew.) lassen sich eindrucksvolle Reste aus der Zeit ausmachen, als die Stadt als römischer Hafen diente: die Ruinen der gewaltigen römischen Marktanlage *Macellum,* an deren Säulen man die bradyseismischen Bewegungen, das Heben und Senken der Erde, ablesen kann. Außerdem das riesige *Anfiteatro Flavio (Mi–Mo 9 Uhr–1 Std. vor Sonnenuntergang)* von 79 n. Chr., drittgrößtes Theater nach dem Kolosseum in Rom und dem von Santa Maria Capua Vetere.

Wegen der Erdbewegungen musste 1970 die malerische, auf einem Felssporn vorgelagerte Altstadt Pozzuolis geräumt werden. Seither hat man hier im Rione Terra mit Ausgrabungen begonnen, die eine gut erhaltene römische Stadt zu Tage fördern, die Sie teils besichtigen dürfen *(Sa/So 9–18.15 Uhr, Largo Sedile di Porto).* Am östlichen Stadtrand liegt die *Solfatara (tgl. 9 Uhr–1 Std. vor Sonnenuntergang),* ein 770 m breiter, flacher Krater, noch postvulkanisch aktiv: heiße, blubbernde Schlammpfützen und Dampfquellen, die *fumarole,* aus denen Kohlendioxid und Schwefeldioxid entweichen. Bei der *Fumarola Bocca Grande* befinden sich Reste römischer Thermalbäder. An manchen Stellen ist der Boden sehr heiß, man sollte sich an den vorgeschriebenen Umlauf halten. Auskunft: *Piazza Matteotti 1 a, Tel. 08 15 26 50 68, www.infocampiflegrei.it*

Die Küstenstraße gen Westen führt am 133 m hohen *Monte Nuovo,* dem neuen Berg, entlang: Am 29. September 1538 beginnt seine Entstehung unter fürchterlichem Erdgerumpel, Feuer- und Lavaeruptionen, die Küste hebt sich meterhoch, Aschenregen gelangt bis nach Neapel. Am 6. Oktober kommt der neue Vulkanberg nach einer letzten Eruption zur Ruhe. Auch der düstere *Lago d'Averno* ist natürlich ein Kratersee.

Im Süden beginnt die Landspitze Miseno mit dem heute eher tristen Fischerort *Baia,* in der Antike aber als mondäner Badekurort berühmt, wovon die sehenswerten römischen *Thermalanlagen (Parco Archeologico di Baia, Via Sella di Baia 22, Di–So 9 Uhr–1 Std. vor Sonnenuntergang)* zeugen. Am Strand standen die luxuriösen Badevillen der römischen Patrizier, die längst im Meer versunken sind. Man kann Mauerreste und Mosaikfußböden auf dem Meeresgrund durch den durchsichtigen Rumpf des Ausflugsbootes *Cymbra (Abfahrten Di–So 10, 12, 15 Uhr, 15 Euro, Anmeldung am Infopoint im Hafen von Baia, Handy 33 31 81 68 17, www.baiasommersa.it)* bewundern. Tauchexkursionen zu den Villenruinen unter Wasser bietet *Sea Point Diving Center (Via Molo di Baia 14, Tel. 08 18 68 88 68, www.seapointitaly.it).* Im *Kastell* (16. Jh.) von Baia, auf einer römischen Kaiservilla errichtet, sind Fundstücke aus den Villen und Thermen ausgestellt, wunderbare Statuen, die man auf dem Meeresboden fand *(Di–So 9 Uhr–1 Std. vor Sonnenuntergang).*

Insi Tip

Im Rücken Baias dehnt sich der von Kanälen aus dem Meer gespeiste *Lago del Fusaro* aus, auf dem der berühmte Architekt Luigi Vanvitelli für den Bourbonen Ferdinand das restaurierte Jagdschlösschen *Casina del Fusaro* bauen ließ. In *Bacoli* weiter südlich lohnt die gewaltige *Piscina Mirabile (tgl. 9 Uhr–1 Std. vor Sonnenuntergang, Wärterin um*

Insi Tip

Einlass bitten, Trinkgeld) eine Besichtigung, die größte erhaltene Zisterne aus de Antike, die 12 000 m³ Wasser fasste.

Wieder zurück nach Norden, der Halbinsel von *Capo Miseno* (Strände) den Rücken zukehrend, gelangen Sie nach ★ *Cuma,* dem griechischen Kyme (8. Jh. v. Chr.), erste Festlandsiedlung der Griechen, heute eine romantische, herrlich über dem Meer gelegene Ruinenlandschaft mit der sagenumwobenen Orakelgrotte der Weissagerin Sibylle, einer trapezförmigen, durch Spalte erleuchteten Steingalerie (6. Jh. v. Chr.). Zur archäologischen Anlage gehören Reste eines Amphitheaters, ein eindrucksvoller Wehrtunnel und eine Akropolis *(tgl. 9 Uhr–2 Std. vor Sonnenuntergang).*

Capua/Santa Maria Capua Vetere **[116–117 C–D1]**

In dem 33 km nördlich von Neapel gelegenen Städtchen Capua (18 000 Ew.) ist der Besuch des ★ *Museo Campano (Di–Sa 9–13.30, So 9–13 Uhr; Via Roma)* im schönen Palazzo Antignano (15. Jh.) ein Muss: wegen seines außerordentlich reichen Bestands an Fundstücken und Kunstwerken aus der Antike, vor allem aber wegen seiner einzigartigen Sammlung großer Votivstatuen aus Tuffstein: Mütter mit Wickelkindern im Arm (7.–1. Jh. v. Chr.) aus dem 1870 ausgegrabenen italischen Fruchtbarkeitsheiligtum Mater Matuta. Zu sehen sind außerdem die eindrucksvollen Statuen des einst vom Stauferkaiser Friedrich II. erbauten Stadttors von Capua.

6 km nordöstlich erhebt sich die *Basilika Sant'Angelo in Formis* von 1073. Ihr dreischiffiges Inneres ist mit mittelalterlichen, gut erhaltenen Fresken großartig ausgemalt. Insider Tipp Danach geht es weiter zum enormen römischen *Amphitheater* von *Santa Maria Capua Vetere* mit dem *Museo dei Gladiatori (Di–So 9 bis 18.30 Uhr),* das den Skulpturenschmuck des Amphitheaters zeigt.

Im Amphitheater Santa Maria Capua Vetere: gut erhaltene Raubtiergruben

Im Schatten des Vesuvs

Handfestes römisches Leben und Villen aus zwei Jahrtausenden

Marsch auf den Vulkan: Vesuvaufstieg

Mehr als 2 Mio. Menschen besuchen alljährlich Pompeji, und jedes Jahr werden es mehr – auch in Herculaneum. Ein Ansturm, den die beiden fragilen Ruinenstädte kaum verkraften, und auch mit der Restaurierung kommt man kaum nach. Dabei liegt der Reiz von Pompeji und Herculaneum gerade in ihrer phantastischen Erhaltung, durch die sie wie keine andere Stätte des Altertums das Alltagsleben der antiken Vorfahren konkret veranschaulichen. Ein Leben, das immerhin 2000 Jahre zurückliegt und uns andernorts meist nur durch Gräber und ihre kostbaren Beigaben sowie Ruinen von Repräsentativbauten zugänglich ist. Hier hingegen läuft man über die intakten Straßen und Gassen, die das Gelände schachbrettartig durchziehen. Gepflastert sind sie mit Lavasteinplatten, in die die Wagen der alten Römer tiefe Rillen gegraben haben. Da und dort brechen aus den hohen Bürgersteigen die Bleirohre der antiken Wasserleitung hervor.

Dann betritt man die Häuser: Da sind die etwas einfacheren für die Handwerker und kleinen Ladenbesitzer, oft zur Straße hin mit Theken, in die Tongefäße eingelassen sind für Lebensmittel, heiße und kalte Speisen, Getränke. In Herculaneum finden sich in einem Ladengeschäft sogar noch die hölzernen Regale mit ihren Amphoren für Wein und Öl. Die Öfen der Backstuben sehen aus, als ließe sich jetzt gleich ein Brot darin backen.

Villa dei Misteri: geheimnisvolles Treiben melancholischer Mädchen

Schließlich die Wohnhäuser der wohlhabenden Händler und Industriellen: eine Aneinanderreihung aus von Säulenzeilen eingefassten Innenhöfen mit dem *impluvium,* dem Becken zum Sammeln des Regenwassers, und lauschigen Gärten. Um die Höfe reihen sich die Räume, in denen geschlafen und gegessen wurde. Stuckdekorationen, Wandbemalungen und Reste von Mosaikfußböden zeugen von

Wer Pompeji so leer antreffen will, sollte gleich frühmorgens kommen

ausgeprägtem Schönheitssinn. Wunderbar die zarten Malereien in unterschiedlichen Farben. Die Leuchtkraft des berühmten Rots von Pompeji wird der Tatsache zugeschrieben, dass man dem mit einer Kalk- und Seifenlösung vermischten Pigment Wachs beifügte und die Malerei an der Wand mit Poliersteinen glättete.

Zum Alltag gehört auch die Freizeitgestaltung: Neben einigen Theatern und dem riesigen Amphitheater zeugen davon vor allem die Sportplätze, die große *palaestra,* in der die jungen Männer Sport trieben, die öffentlichen Bäder, die Thermen, ebenfalls mit Statuen und Mosaiken geschmückt, mit ihren Ruhebänken und Wasserbecken, dem Heißwasserbad *caldarium,* dem Warmwasserbad *tepidarium,* dem Kaltwasserbad *frigidarium.* Aber auch die Bordelle, die *lupanare (werden zzt. restauriert):* In Pompeji sind es Räume mit Bettlagern aus Stein, mit Toiletten und überall kleinen Wandmalereien, die Paare in verschiedenen Liebesstellungen zeigen. Einem Reiseführer von 1978 ist noch zu entnehmen, dass »nur Herren« das *lupanar* besichtigen dürfen.

Der Ausbruch des Vulkans begann – nach jahrhundertlanger Ruhe – am 24. August 79 n. Chr. mit heftigen Erdstößen. Explosionsartig brach der Gipfel des Bergs auf, gewaltige dunkle Rauchwolken senkten sich nieder, und in schnell aufeinander folgenden Eruptionen prasselten glühend heiße Asche, Gesteinsbrocken und *lapilli,* zu Bimsstein gehärtete Lavateilchen, auf die über 10 km entfernt liegenden Städte nieder. Das dem Berg sehr viel näher gelegene Herculaneum erwischten die Lavaströme. Da diese vergleichsweise langsam auf die Stadt zuflossen, konnte sich der größte Teil der Bevölkerung retten.

Zwei Tage lang herrschte totale Finsternis, bis sich am dritten Tag ein fahles, blasses Licht durch die aschige Wolkenluft kämpfte und der Himmel wieder aufklarte. Bilanz: Herculaneum war unter einer 20 m hohen Lavaschlammschicht begraben, Pompeji bedeckten 7 m Asche und Bimsstein. Die Zahl der Toten lässt sich kaum genau rekonstruieren, man schätzt sie auf rund 2000. Die üppige Landschaft voller Felder und Weingärten, deren fruchtbare Lavaerde dem Vulkan zu verdanken war, hatte derselbe Vulkan in eine Wüste verwandelt. Begraben und ausgelöscht wurde auch das antike Stabiae, mit dem die Sorrentinische Halbinsel beginnt.

Die Ausgrabungsstätten, allen voran Pompeji und Herculaneum, sind gut mit öffentlichen Verkehrsmitteln zu erreichen, am besten mit der preiswerten Lokalbahn Circumvesuviana. Beachten Sie, dass die Nummerierung auf den Plänen Seite 46 und 49 nur der Identifizierung der Häuser anhand der Karten dient; sie entspricht nicht der Nummerierung der Objekte vor Ort. *3-Tage-Sammelticket für Pompeji, Herculaneum, Villa Oplontis, Stabia, Boscoreale 18 Euro, EU-Bürger unter 18 und über 65 gratis, 18–25 50 Prozent Rabatt*

ERCOLANO (HERCULANEUM)

[118 B3] ★ Zur Zeit des Ausbruchs lebten rund 5000 Menschen im antiken Herculaneum, das weniger ein geschäftiges Industriezentrum wie Pompeji als vielmehr der gepflegte Wohnsitz von Bürgern und Patriziern war und damals noch direkt am Meer lag. Der 20 m hohe Lavaschlamm, der sich um jede Häuserwand, in jede Fugenritze gelegt hatte, versteinerte und zementierte die Stadt regelrecht ein, was auch ihre gute Konservierung erklärt, die noch viel besser ist als die von Pompeji: Hier haben sogar Möbel, Dachgebälk, Türen (siehe Haus Nr. 8 mit der Schiebetür) und Fachwerk aus Holz die Jahrtausende überstehen können. Heute allerdings ist das ein riesiges Problem, denn durch die Ausgrabungen wird das alte, ans Licht geholte Material nun Sauerstoff und Witterung ausgesetzt – und damit beginnt sein Verfall.

MARCO POLO Highlights »Herculaneum & Pompeji«

★ **Ercolano**
Phantastisch erhalten: antike Ruinen, Fresken und Mosaiken (Seite 45)

★ **Villa dei Misteri**
Was trieben die melancholischen Mädchen in der Villa der Geheimnisse in Pompeji? (Seite 48)

★ **Villa Campolieto**
Luxuriöse Aristokratenvilla des 18. Jhs. unter dem rauchenden Vesuv (Seite 51)

★ **Villa Oplontis**
In Torre Annunziata steht die vielleicht prächtigste Villa der römischen Kaiserzeit (Seite 50)

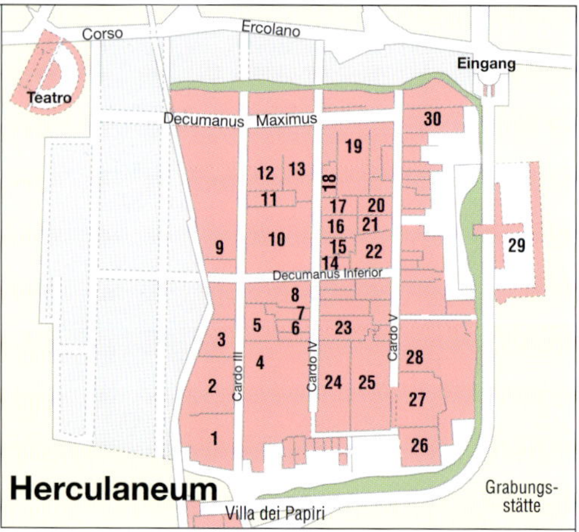

1 Haus des Aristides
2 Haus des Argus
3 Haus des Genius
4 Große Herberge
5 Haus des Skeletts
6 Haus des bronzenen Hermes
7 Haus mit dem Flechtwerk
8 Haus mit der hölzernen Scheidewand
9 Haus des Galba
10 Thermen
11 Haus der beiden Atrien
12 Heiligtum der Augustalier
13 Haus mit schwarzem Salon
14 Samnitisches Haus
15 Laden des Tuchhändlers
16 Haus mit den verkohlten Möbeln
17 Haus des Mosaiks von Neptun und Amphitrite
18 Haus mit dem schönen Hof
19 Haus der Zweihundertjahrfeier
20 Haus mit dem korinthischen Atrium
21 Haus mit dem Heiligtum aus Holz
22 Haus mit dem großen Portal
23 Haus mit dem Alkoven
24 Haus mit dem Mosaik-Atrium
25 Haus der Hirsche
26 Stadtrandthermen
27 Haus mit der Gemme
28 Haus mit dem Telephos-Relief
29 Palaestra
30 Aula superiore

Über die Jahrhunderte vergaß man die im Lavagestein eingeschlossene Stadt, ein Tuffblock, auf dem sich im Mittelalter der Ort *Resina*, heute *Ercolano* genannt, entwickelte. Nach ersten Buddelversuchen unter Bourbonenkönig Karl III. begann man 1827, die Steinschichten abzutragen und ganze Häuser auszugraben, doch richtig wissenschaftlich wurde erst 100 Jahre später vorgegangen. Das hatte zur Folge, dass man die Häuser über der antiken Stadt zerstören musste, wogegen ihre Bewohner erbitterten Widerstand leisteten, der bis heute andauert, denn mindestens ein Drittel der antiken Stadt dient noch als Fundament der neuen. Im Gegensatz zu Pompeji nämlich, das sich auf flacher Ebene außerhalb der Neusiedlung ausdehnt, liegt das antike Herculaneum mitten unterhalb der heutigen Stadt, die nunmehr halb abgerissenen Häuser, die die antike Stadt von oben säumen, wirken wie eine zweite Ruinenschicht. Von der langen, rampenartigen Allee, die hinunter in die antike Stadt führt, hat man einen guten Überblick.

SEHENSWERTES

Ausgrabungen

Durch die alte Stadtanlage zieht sich ein Straßenraster, bestehend aus drei schmalen Gassen, die von Süd nach Nord verlaufen, auf der Karte Cardo III, IV und V genannt, die wiederum von zwei breiteren Hauptstraßen gequert werden, dem *Decumanus Maximus* und dem *Decumanus Inferior.* An diesen holprig gepflasterten Straßen liegen mehrere Dutzend Häuser. Zu den besonders sehenswerten Gebäuden gehört die aufwändige Villenanlage

Case dei Cervi (Haus der Hirsche am Cardo V, Kartennr. 25). Am südlichen Ende des Cardo V befinden sich auch die *Terme Suburbane* (Kartennr. 26), mit ihren Thermalanlagen, Wanddekorationen und Fußbodenmosaiken ganz besonders interessant. Am Cardo IV liegen die Häuser, in denen wundersamerweise noch einige Holzeinrichtungen erhalten sind, das *Haus Nr. 8* mit einer Trennwand aus Holz sowie das *Haus Nr. 16* mit verkohlten Möbeln. Wer die mühsame Anmeldung nicht scheut, kann einen weiteren Höhepunkt besichtigen, die *Villa dei Papiri (nur Sa/So 9–12 Uhr mit Voranmeldung via Internet, www.arethusa.net)*. Berühmt wurde sie wegen ihres Skulpturenschmucks (heute im Nationalmuseum in Neapel) und weil man in ihr 1800 griechische Papyrusrollen fand (heute in der Nationalbibliothek). *Nov.–März tgl. 8.30–17, April bis Okt. 8.30–19.30 Uhr, 10 Euro, Corso Resina, www.ercolanonline.it*

EINKAUFEN

Mercato di Resina
Ein berühmter Einkaufstipp ist dieser Markt *(Mo–Sa)* um die Via Putigliano mit z. T. tollen Secondhandklamotten, Theaterkostümen usw.

POMPEI (POMPEJI)

[118 C4] In Pompeji trifft sich die halbe Welt, doch das antike Stadtgebiet ist weitläufig und früh in den ersten Morgenstunden noch einigermaßen leer. Unter dem Asche- und Bimssteinregen 79 n. Chr. wurde eine große, schon damals sehr alte Stadt begraben. Die Pompejaner produzierten und handelten mit Wein, Öl, Oliven, Weizen, Stoffen, Wolle, Ziegeln und vielem mehr. Das heutige Pompeji (25 000 Ew.) entstand vornehmlich zur Zeit der ersten Ausgrabungen – vor allem um die Wallfahrtskirche *Santuario della Madonna del Rosario* von 1876 auf der großen Piazza herum, eine bedeutende Glaubensstätte (eindrucksvolle Gemeinschaftsgebete am 8. Mai und am ersten Oktobersonntag).

SEHENSWERTES

Ausgrabungen
Man betritt die Ruinenstadt durch die *Porta Marina* und gelangt gleich

Antike Kleinanzeigen

Wandinschriften aus dem Alltag in Pompeji

Zum Alltag in Pompeji gehörten die Wandinschriften: Annoncen wie Wohnungsangebote, Wahlempfehlungen, Liebesbotschaften – alles sehr detailliert. Wenn Wahlen bevorstanden, schlugen die Pompejaner ihre Kandidaten vor und beschrieben an den Häuserwänden genau ihre Vorzüge. Der Kandidat selbst durfte für sich keine Propaganda betreiben. Einige Inschriften kann man heute noch entziffern, nunmehr unter Plexiglas geschützt.

Apollo-Tempel: Da gehts lang!

in das Viertel mit den öffentlichen Gebäuden und Plätzen: dem *Tempel der Venus* und des *Apollon,* der großen, dreischiffigen *Basilika,* dem Versammlungsraum und Gerichtssitz sowie dem weitläufigen *Forum,* an dem Tempel und Märkte liegen.

Weiter geht es in die *Via dell'Abbondanza,* die antike Hauptgeschäftsstraße *Decumanus Maior,* mit ihren Wohnhäusern und Geschäften, mit den großen öffentlichen Bädern *Terme Stabiane* (es gibt noch zwei weitere Bäder), vor denen eine kleine Gasse links zu den Freudenhäusern *lupanare* führt. Rechts der Hauptstraße geht es ins Theaterviertel mit kleinem und großem *Theater,* der *Gladiatorenkaserne* und außerdem dem *Isistempel,* dessen zauberhafte, fast intakte Wandbemalungen im Nationalmuseum in Neapel zu bestaunen sind. Die Via dell'Abbondanza führt bis zum anderen Stadtende, der *Porta di Sarno,* vorbei an der Wollwäscherei und -färberei *Stephani* zum großen Sportplatz *palaestra* und zum riesigen *Amphitheater* mit seinen 20 000 Plätzen.

Vor dem Sportplatz geht es rechts zu den antiken Weingärten der Pompejaner, die man anhand von Malereien und Samenanalysen zu rekonstruieren versucht. In einem der Gärten, dem *orto dei fuggiaschi,* stößt man auf eine Glasvitrine, die die Gipsformen auf ihrer Flucht vom Aschenregen getöteter Menschen enthält, Männer, Frauen, Kinder in anrührender, Hilfe suchender Pose.

Im Südwestteil der Stadt gibt es die größte Anzahl an prächtigen Privatvillen, allen voran die große *Casa del Fauno* (die Originalstatue des tanzenden Fauns steht im Museum in Neapel) und die *Casa dei Vettii.*

Für einige sehenswerte Gebäude muss man sich neuerdings – ohne Aufpreis – online anmelden unter *www.arethusa.net.* Das betrifft die *Casa del Menandro (Sa/So 14 bis 16.30 Uhr),* die *Terme Suburbane* und die *Casa degli Amorini dorati (tgl. 10–13.30 Uhr).* Auf den Mauern um Pompeji ist ein neuer Spaziergang eingerichtet worden mit tollem Blick auf die Ruinenstadt: *Percorso lungo le Mura*

Absolut sehenswert ist die ★ *Villa dei Misteri* etwas außerhalb des Areals im Südwesten. Da der Weg durch die Via dei Sepolcri mit ihren Grabmälern immer wieder geschlossen ist, gelangt man am besten von außen über die Straße zur Villa. Es braucht keine neue Eintrittskarte gelöst zu werden. Die schöne Landvilla im Grünen aus dem 2. Jh. v. Chr. hat ihr Geheimnis immer noch nicht preisgegeben: Was bedeutet das eigentümliche Treiben der Menschen, vor allem Frauen, ihre angespannte Stimmung auf den wunderbaren Fresken im Innern der Villa? Man vermutet die Vorbereitung auf ein dionysisches Initiationsritual.

Zur Schonung der Bodenmosaike und Fresken sind die Häuser nur in abwechselndem Turnus zugänglich. Hilfreich sind Audiogiudes bzw. Gratispläne mit Erklärungen, erhältlich am Eingang Piazza Porta Marina. *Nov.–März tgl. 8.30–17, April–Okt. 8.30–19.30 Uhr, 10 Euro, www.pompeji.de*

ESSEN & TRINKEN

Hostaria del Gallo Nero

Im Zentrum ehrliche Küche in einladendem Lokal, im Sommer sitzt man im Garten. *Mi geschl., Viale Mazzini 116, Tel. 08 18 63 00 34,* €

Il Principe

Hier essen Sie gut und gepflegt mit Blick auf die Wallfahrtskirche. *Im Winter So-Abend und Mo geschl., Piazza Bartolo Longo 8, Tel. 08 18 50 55 66,* €€€

ÜBERNACHTEN

Hotel Forum

Freundliches Haus mit hübschen Zimmern gleich bei den Ausgrabungen. *35 Zi., Via Roma 99, Tel. 08 18 50 11 70, Fax 08 18 50 61 32, www.hotelforum.it,* €

AUSKUNFT

Via Sacra 1 und *Piazza Porta Marina Inferiore 11, Tel. 08 18 50 72 55,*

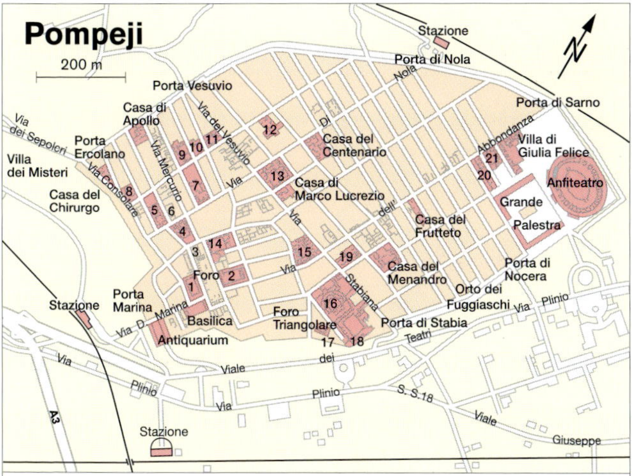

1 Tempio di Apollo	7 Casa del Fauno	12 Casa delle Nozze d'Argento	17 Tempio dorico
2 Edificio di Eumachia	8 Casa di Sallustio	13 Terme centrali	18 Caserma dei Gladiatori
3 Tempio di Giove	9 Casa del Labirinto	14 Macellum	19 Casa del Citarista
4 Terme del Foro	10 Casa dei Vettii	15 Terme Stabiane	20 Casa di Marcus Loretus Tiburtinus
5 Casa di Pansa	11 Casa degli Amorini dorati	16 Teatro Grande	21 Casa di Venere
6 Casa del Poeta tragico			

Fax 081 86 32 11 01, www.pompeiisites.org, www.pompeituris mo.it

ZIELE IN DER UMGEBUNG

Boscoreale **[118 C3]**
Insider Tipp Ca. 3 km von Pompeji ein *Antiquarium* mit interessanten Fundstücken und Rekonstruktionen zur antiken Landwirtschaft, dazu die Ruinen eines römischen Landgutes. *Nov. bis März tgl. 8.30–17, April–Okt. 8.30 bis 19.30 Uhr, Sammelticket Oplontis, Stabia, Boscoreale 5 Euro, Via Sette Termini 15*

Castellammare di Stabia **[118 C4]**
Die Betonmoderne hat das 6 km entfernte Städtchen, schon in der Antike ein Thermalbad, umwuchert. Ein Spaziergang *(Passeggiata Archeologica)* führt oberhalb des Orts zu den Ruinen von zwei herrlich gelegenen römischen Patriziervillen. *Nov. bis März tgl. 8.30–17, April–Okt. 8.30 bis 19.30 Uhr, Sammelticket Oplontis, Stabia, Boscoreale 5 Euro*

VESUVIO (VESUV)

[118 B–C3] Auf das Konto des mit 12 000 Jahren noch jungen Vulkans gehen so verheerende Ausbrüche wie der von 79 n. Chr., der Pompeji, Herculaneum, Stabiae begrub, oder der von 1631, der rund um den Vulkan zahlreiche Ortschaften zerstörte – fast 4000 Menschen kamen dabei ums Leben. Schlimm waren auch die Ausbrüche von 1906 und 1944. Heute raucht er kaum noch, doch unter dem 3 km tiefen Pfropfen aus verhärteter Lava, der den Schlund verstopft, brodelt in 5–7 km Tiefe das Magma. Die Aufspaltung in die heutigen zwei Gipfel, den vormaligen Monte Somma und den neuen Krater (1281 m), geschah beim Ausbruch von 79 n. Chr.

Dass trotz seiner Gefährlichkeit die unmittelbare Umgebung so dicht besiedelt ist, liegt an der unglaublich fruchtbaren, lavagefütterten Erde. Dies ist auch der Grund, weshalb viele nicht wollen, dass der Vulkan erlischt: 600 000 Menschen leben in den Gemeinden am Fuß des Vulkans.

An den Krater gelangen Sie am bequemsten über die Straße von Ercolano aus, sie führt hinauf bis zu einem Parkplatz. Von hier sind es noch 25 Minuten zu Fuß über Lavaschotter mit Hilfe von Stützstöcken, die man mieten kann. Am Gipfel stehen Andenkenbuden und die Kasse, denn zum Kraterrand kommt man nur mit Führung *(tgl. 9–15.30 Uhr, 6,50 Euro)*. Aus dem Schotter im Schlund sieht man vereinzelt Dampffahnen aufsteigen. Der Blick von hier oben ist überwältigend, doch empfiehlt sich der Aufstieg nur bei gutem, ruhigem Wetter. Der Vesuv ist heute Nationalpark *(www.parconazionaledelvesuvio.it)* mit 54 km ausgeschilderten Wanderwegen. An der Straße von Herculaneum auf den Vesuv liegt auch die seismologische Beobachtungsstation von 1841, das *Osservatorio Storico Vesuviano,* mit einer historischen Ausstellung *(Museo Vulcanologico, Sa/So 10–14 Uhr)*.

ZIELE IN DER UMGEBUNG

Villa Oplontis **[118 C4]**
★ Mitten in *Torre Annunziata,* einem dieser etwas schäbigen Städtchen längs der Golfküste, liegt die wohl schönste Villa aus römischer

In 1281 m Höhe können Sie dem Vulkan in den Schlund schauen

Zeit, die durch den Vesuvausbruch 79 n. Chr. verschüttet wurde. Man muss sich vorstellen, dass dieser prächtige Landsitz mit seinen leuchtend ausgemalten Zimmern, den Innenhöfen, Bädern, Schwimmbecken und Gärten einst mit unverstelltem Blick aufs Meer inmitten üppiger, grüner Landschaft lag. Bislang sind knapp zwei Drittel ausgegraben. Die Anmut dieser gut erhaltenen Villa – einst soll sie Poppea, der Frau Neros, gehört haben – und die wenigen Touristen machen den Besuch zu einem Erlebnis. *Nov. bis März tgl. 8.30–17, April–Okt. 8.30–19.30 Uhr, Sammelticket Oplontis, Stabia, Boscoreale 5 Euro*

Ville Vesuviane **[118 B3]**

Was die römischen Patrizier getan hatten, gefiel auch der Aristokratie des Neapolitanischen Königreichs im 18. Jh.: sich in der lieblichen Landschaft mit Blick auf den Golf und den spektakulär prustenden Vulkan im Rücken luxuriöse Landvillen zu bauen. Karl III. ließ sich 1738 in *Portici* seine Landresidenz *Palazzo Reale* mit riesigen Parkanlagen und Jagdgründen errichten. Hunderte von Villen entstanden zwischen Portici und Herculaneum, man nannte die Strecke *Miglio d'Oro.* Von »Goldener Meile« kann heute wahrlich nicht mehr die Rede sein. Rund 120 Villen sind übrig geblieben, verwahrlost und eingekeilt im modernen, schäbigen Siedlungschaos.

Ein paar können Sie besichtigen, so in Herculaneum die schöne ★ *Villa Campolieto (Di–So 10 bis 13 Uhr, Corso Resina 283).* 1755 hatte ihr Bau im Auftrag des Fürsten Luzio di Sangro begonnen. Der elegante, ellipsenförmige Portikus stammt von Stararchitekt Luigi Vanvitelli. In der Villa, heute Sitz eines Kurszentrums, finden Ausstellungen und Konzerte statt. Sehenswert ist auch gegenüber die *Villa Ruggieri (Di–So 10–13 Uhr, Via Rossi 40).* Eine gute Adresse ganz in der Nähe ist das Wein- und Imbisslokal *Viva Lo Re (So Abend und Mo geschl., Corso Resina 261, Tel. 08 17 39 02 07, €).*

Drei Perlen im Golf

Mondänes Leben auf der Piazzetta von Capri, heilsame Quellen auf Ischia, Idyll unter Zitronenbäumen auf Procida

Jede der drei Inseln im Golf birgt eine eigene Welt für sich, jede hat ihre eigene »Kundschaft«. Im Sommer und an den Wochenenden überschwemmen Abertausende von Tagestouristen vor allem Capri. Man bewegt sich zu Fuß, mit Bussen, auf Ischia und Procida mit den kleinen, knatternden Dreiradtaxis, auf Capri schnurren Elektrowägelchen fürs Gepäck durch die Gassen. In der Marco Polo Reihe finden Sie für Capri wie für Ischia jeweils einen eigenen, ausführlichen Band.

Wenn Sie einmal Dreiradtaxi fahren möchten: Auf nach Procida!

Capri

[118 A6] Ein gerade 10 km² großer Felsblock aus hellem Kalkgestein vor der äußersten Landspitze der Sorrentinischen Halbinsel – in grauer Vorzeit gehörten sie zusammen. Zwei Orte liegen auf Hochplateaus, der Hauptort *Capri* mit seinen verwinkelten weißen Gässchen, den feinen Boutiquen, edlen Hotels und dem Hafen Marina Grande, wo die Fährschiffe anlegen; der zweite ist *Anacapri,* größer, verstreuter gelegen, ruhiger und nicht so mondän, schließlich schwieriger zu erreichen und damit weniger der Invasion der Tagesausflügler ausgesetzt. Schon die Römer bauten auf der Insel ihre Sommervillen, vom Reiz der Blumenmacchia, der Weitblicke, der bizarren Felsformationen wie der *Faraglioni* und des *Arco Naturale* verzaubert, aber auch von der Farbmagie der *Grotta Azzurra,* der Blauen Grotte.

SEHENSWERTES

Anacapri

Im dörflichen Anacapri (5300 Ew.) sollten Sie die Kirche ★ *San Michele (tgl. 9.30–17, Juli–Okt. bis 19 Uhr)* mit ihrem wunderschönen Mosaikfußboden aufsuchen sowie in traumhafter Panoramalage die 1896 erbaute *Sommervilla (Mai bis Sept. tgl. 9–18, März, April und Okt. 9.30–17, Nov.–Feb. 10.30 bis 15.30 Uhr, Via Capodimonte, www.sanmichele.org)* des schwedischen Arzts und Schriftstellers Axel Mun-

Giardini di Poseidon auf Ischia: blühende Oase mit 22 Thermalbecken

Erleben Sie ein blaues Wunder: Kahnpartie in die Grotta Azzurra

the, der hier seinen Weltbestseller »Das Buch von San Michele« schrieb. Heute umgibt die Villa eine basarartige Einkaufsstraße.

Spaziergänge mit schönen Ausblicken führen auf den *Monte Solaro* (589 m), auch mit dem Sessellift zu erreichen, zur mittelalterlichen Einsiedelei Insider Tipp *Santa Maria a Cetrella,* einem Marienheiligtum, oder zum *Belvedere della Migliara* über steiler Felsküste. Hier gibt es schmackhafte Landküche, fünf hübsche Zimmer und einen Swimmingpool bei *Da Gelsomina alla Migliara (im Winter Di geschl., Tel. 08 18 37 14 99, www.dagelsomina.com, €€).*

Baden können Sie in der Badeanstalt *Lido del Faro* in einer Felsenbucht beim Leuchtturm an der *Punta Carena,* dem Südwestzipfel (zu Fuß oder mit Pendelbus), oder in der Badeanstalt *Lido Nettuno* neben der Blauen Grotte. Gegenüber, in *Marina Piccola* (dank der Südlage sonniger als Marina Grande), liegen auf Felsplatten und ein paar Flecken Sand einige exklusive Strandbäder.

Capri

Vom Hafenörtchen *Marina Grande* – mit seinen Piers für die Fährschiffe, für Ausflugsboote und Yachten, mit ein paar Cafés, Restaurants und einem schmalen Sandstrandstreifen – geht es zu Fuß über eine Treppengasse hinauf in den Kern von Capri (2200 Ew.) oder mit der schnellen Standseilbahn (hier Gepäckaufbewahrung für Tagesausflügler). Ortsmittelpunkt ist die berühmte *Piazzetta* (Piazza Umberto I), von der Barockkirche *Santo Stefano,* dem *Campanile* und weißen Häuschen eingefasst, voll hübscher, teurer Cafés. Tagsüber drängen sich hier die Tagesausflügler, abends wird sie zum charmanten Treffpunkt der Dauergäste, des Jetsets und der Einheimischen. Im verwinkelten Ort besticht die Mischung aus mediterranem Gassengewirr und eleganten Hotels, Lokalen und Geschäften, vor allem in der *Via Camerelle* mit ihren edlen Boutiquen und Schmuckläden. Ein Einkaufstipp sind die Zitronenparfums von *Carthusia – Profumi di Capri (Viale Parco Augusto 2)*, einer alteingesessenen Duftfabrik.

Zu den Sehenswürdigkeiten gehört das Kartäuserkloster *San Giacomo,* eine eindrucksvolle Klosteranlage aus dem 14. Jh., die heute für Kulturveranstaltungen genutzt wird. Im Refektorium zeigt eine Dauerausstellung *(Di–So 9–14 Uhr, Piazzetta Certosa San Giacomo)* die gewaltigen Gemälde des Münchner Malers Karl Wilhelm Diefenbach, außerdem vier römische Statuen, die aus der Blauen Grotte gefischt wurden. Beim Panoramagarten *Giardini di Augusto* beginnt die berühmte *Via Krupp,* ein steiler Serpentinenpfad, den Alfred Krupp 1902 in die Steilküste schlagen ließ. Er schlängelt sich über 1,4 km zur beliebten Badebucht *Marina Piccola* hinunter. Hier ragen aus dem Meer die *Faraglioni* genannten Felsbrocken empor, die Wahrzeichen Capris.

Von den zwölf Villen, die sich Kaiser Tiberius zwischen 27 und 37 n. Chr. auf Capri bauen ließ, als er von hier aus das Römische Weltreich regierte, war die *Villa Jovis (tgl. 9 Uhr–1 Std. vor Sonnenuntergang, auf der Ostspitze, ausgeschildert)* die prächtigste. Von ihr ist auch das meiste an Mauerresten, Zisternen und Thermen übrig geblieben. Ein Spaziergang (40 Min.) führt zu den herrlich exponiert liegenden Ruinen, vorbei an üppigen Villengärten durch mediterrane Ländlichkeit.

Grotta Azzurra

★ Die Blaue Grotte mit ihren eindrucksvollen Farbreflexen durch Lichtfilterungen ist die wohl berühmteste Grotte der Welt. Sie erreichen sie von Anacapri entweder mit dem Bus oder zu Fuß auf einem nicht ganz unbeschwerlichen Weg (ca. 45 Minuten). Am Steg besteigt man ein Ruderboot. Von Marina Grande fahren Motorboote zur Grotte, dann geht es ebenfalls weiter im Ruderboot. Die beste, weil am wenigsten übervölkerte Zeit für diese Tour ist von Mittag bis 14 Uhr *(tgl. 9 Uhr–Sonnenuntergang, im Winter wegen Seegang nicht immer zugänglich, mit Anfahrt insgesamt ca. 15 Euro).*

Marco Polo Highlights »Capri, Ischia, Procida«

★ **San Michele**
Capris riesiges Fußbodengemälde aus Majolika (Seite 53)

★ **Negombo**
Thermalanlage mit meditativer Zenstimmung (Seite 58)

★ **La Mortella**
Exotisch-mediterranes Gartenparadies auf Ischia (Seite 58)

★ **Grotta Azzurra**
Capris weltberühmte Blaue Grotte (Seite 55)

ESSEN & TRINKEN

La Pergola

Westlich der Piazzetta in Capri gepflegtes Ambiente und frischer Fisch auf traumhafter Aussichtsterrasse. *Im Winter Mi geschl., Via Traversa Lo Palazzo 2, Tel. 08 18 37 74 14, €€–€€€*

Wine Bar Pulalli

Beim guten Glas Wein und leckeren Kleinigkeiten sitzt man auf der stimmungsvollen Terrasse über der Piazzetta von Capri. *Di geschl., Piazza Umberto I 4, Tel. 08 18 37 41 08, €€*

La Savardina (Da Edoardo)

Für den Spaziergang von Capri zur römischen Villa Jovis: typische Inselküche in einem lauschigen Zitronengarten. *Im Sommer tgl., Via Lo Capo 8, Tel. 08 18 37 63 00, www.caprilasavardina.com, €–€€*

ÜBERNACHTEN

Hotel Villa Eva

Ein reizendes Bungalowhotel mit Frühstück und Pool in Anacapri. *15 Zi., Via La Fabbrica 8, Tel. 08 18 37 15 49, Fax 08 18 37 20 40, www.villaeva.com, €€*

Villa Brunella

Charmant-elegantes, den Fels hinabgestuftes Terrassenhotel mit Pool und schönem Blick auf die Faraglioni. *20 Zi., Via Tragara 24, Tel. 08 18 37 01 22, Fax 08 18 37 04 30, www.villabrunella.it, €€€*

AUSKUNFT

Am Hafen: Marina Grande (Tel. 08 18 37 06 34), Capri: Piazzetta (Tel. 08 18 37 06 86), Anacapri: Via Orlandi 19 e (Tel. 08 18 37 15 24), www.capritourism.com, www.capri.it

ISCHIA

[116 A–B 5–6] Ischia (47 000 Ew.) ist mit 46,3 km^2 die größte Insel im Golf und zusammen mit Procida dem Nordbogen des Golfs vorgelagert. Seiner vulkanischen Beschaffenheit mit dem erloschenen Vulkanberg Epomeo und Kratern auch unter Wasser verdankt es alles: 103 heiße Quellen, 69 Fumarolenfelder und radonhaltigen Fango, sodass schon die Römer hier kurten und die Insel heute mit über 300 Hotels und jährlich 5,5 Mio. Kurgästen eine einträgliche Thermalindustrie betreibt. Neben Strand und Kuren bietet Ischia aber auch zahlreiche Wanderwege, so den Aufstieg zum *Epomeo* (788 m) von Fontana aus.

SEHENSWERTES

Nordküste

Im Nordosten liegt der Hauptort Ischia aus *Ischia Porto,* dem Hafenviertel (hier das stilvolle Thermalhotel *La Villarosa, 37 Zi., Via Giacinto Gigante 5, Tel. 081 99 13 16, Fax 081 99 24 25, www.lavillarosa.it, €€–€€€*) mit einer lebendigen Ausgehmeile, der so genannten Rive Droite (hier empfiehlt sich das gute Terrassenrestaurant überm Meer *Alberto, im Sommer tgl., Passeggiata Cristoforo Colombo, Tel. 041 98 12 59, www.albertoischia.it, €€–€€€*), und dem malerischen *Ischia Ponte,* dem das Felsinselchen mit dem *Castello Aragonese (März bis Nov. tgl. 9 Uhr–1 Std. vor Son-*

Die feinsandige Spiaggia di San Francesco ist einer der Trümpfe von Forio

nenuntergang) vorgelagert ist, zu dem drei Kirchen gehören sowie ein Kloster, das in ein stimmungsvolles, stilvoll-schlichtes Hotel umgewandelt wurde: *Il Monastero (18 Zi., Tel. 081 99 24 35, Fax 081 99 18 49, www.albergoilmonastero.it, €€).* Längs der Nordküste verteilen sich besonders viele Thermalquellen, und es ist grüner als im steileren, heißeren Süden.

Das relativ moderne *Casamicciola* mit den meisten Thermalquellen ist das Hauptziel kurender Pauschaltouristen. Exklusiver geht es in *Lacco Ameno* mit Villen und luxuriösen Hotels zu, darunter das wunderbare Luxushotel *Mezzatorre Resort & Spa (59 Zi., Via Mezzatorre 23, Tel. 081 98 61 11, Fax 081 98 60 15, www.mezzatorre.it, €€€)* im Pinienhain auf dem hohen Kap westlich von Lacco Ameno über der schönen Bucht Baia di San Montano. Zwei interessante Museen zeigen hier auch Fundstücke zur uralten Geschichte Ischias, denn in Pithekussai hatte im 8. Jh. v. Chr. die Kolonisierung Süditaliens durch die Griechen ihren Anfang genommen.

Südküste

Das einstige Fischerdorf *Sant'Angelo* ist ein beliebtes Ausflugsziel: Weiße und pastellfarbene Häuserkuben, von schmalen Gässchen und Treppen durchzogen, staffeln sich den Felsabhang hinunter, vorgelagert die kleine, bewaldete Halbinsel *Punta Sant'Angelo* mit einer Burgruine. Zu Sant'Angelo gehört auch ein schöner Sandstrand, die *Spiaggia dei Maronti.*

Die Streusiedlung *Barano* ist das Zentrum der kulinarischen Traditionen Ischias, mit Weinanbau und den begehrten Grubenkaninchen, der lokalen Spezialität, eine Art Wildkaninchen, die Sie besonders schmackhaft bekommen im *Il Focolare (Mi und außer Sa/So mittags geschl., Via Cretajo al Crocefisso 3, Tel. 081 90 29 44, €–€€).*

Westküste

Forio war in den Fünfzigerjahren des 20. Jhs. eine Künstlerenklave. Im lebhaften alten Ortskern finden Sie das malerische Kirchlein *Santa Maria del Soccorso*, zahlreiche Hotels und zwei schöne, feinsandige Strände: *Spiaggia di Citara* und *Spiaggia di San Francesco*. Ein lichtes, großes Komforthotel mit gutem Thermal- und Wellnessbereich oberhalb des Citarastrands ist das *Sorriso Thermae Resort (230 Zi., Ortsteil Cuotto, Tel. 081 90 72 27, Fax 081 90 72 90, www.hotelvilla sorriso.it, €€–€€€)*. Traumhaft ist in Forio vor allem die Gartenanlage mit Teehausimbiss und Konzertprogramm ★ *La Mortella (April–Mitte Nov. Di, Do, Sa, So 9–19 Uhr, 10 Euro, Via Francesco Calise 35, www.lamortella.it)*.

THERMALANLAGEN

Der Thermalpark in Sant'Angelo mit schönem Hotel heißt *Aphrodite-Apollon (Tel. 081 99 92 02, www.hotelmiramare.it)*. *Parco Castiglione (SS 270 bei Punta la Scrofa, Tel. 081 98 25 51, www.termecastiglio ne.it)* in Casamicciola ist besonders aufwändig und ganz in deutscher Hand. Die *Giardini di Poseidon (Tel. 081 90 71 22, www.giardini poseidon.it)* am Strand Citara von Forio sind eine blühende Oase. Im Zentrum von Ischia Porto befindet sich die moderne, ganzjährig geöffnete Thermalanlage *Ischia Thermal Center (Via delle Terme 15, Tel. 081 98 43 76, www.ischiathermal center.it)*. Wunderbar gebettet in die Strandbucht San Montano vor Macchia und Felsklippen ist der besonders stilvolle Thermalpark ★ *Negombo (Tel. 081 98 61 52, www.negombo.it)* bei Lacco Ameno. *Die Thermalparks sind in der Regel von April bis Oktober geöffnet, der Tageseintritt kostet 20–25 Euro.*

AUSKUNFT

Porto d'Ischia, Banchina Porto Salvo, und Via Jasolino, Tel. 08 15 07 42 31, www.ischiaonline.it, www.ischiatourist.de, www.pi thecusa.com

PROCIDA

[116 B5] Mit dem Tragflügelboot hat man in 35 Minuten den Großstadtmoloch Neapel hinter sich gelassen und ist auf der beschaulichen Insel Procida gelandet. Sie ist nur 4 km² groß, aber mit 10 500 Ew. ziemlich dicht besiedelt. Wie Ischia ist sie vulkanischen Ursprungs, felsig, mit Buchten und ins Meer ragenden Felsspornen. Der fruchtbare Vulkanboden liefert ihr herrliche Zitronen- und Apfelsinengärten. Vor allem die Neapolitaner lieben Procida, überschaubar, leicht zugänglich und relativ preisgünstig, das familiäre Idyll einer Mittelmeerinsel. Mehrmals täglich gibt es Fähren von Pozzuoli, Neapel und Ischia.

SEHENSWERTES

Inselrundgang

Auf dem mit 90 m höchsten Punkt der Insel liegt die Altstadt, *Terra Murata* genannt. Vom Hafen mit seinen Fischerhäusern, ein paar Restaurants, Cafés und den wartenden Minitaxis auf drei Rädern geht es in wenigen Minuten hinauf zur Festung *Palazzo Baronale* auf steiler Klippe. Von hier genießen Sie einen überwältigenden Blick auf den Golf und auf die Insel selbst mit ihren hellen Häusern im dunklen Grün der Zitrusgärten. Am Fuß des Berges liegt das Fischerdorf *Corricella,* mit seinen bunten Häuschen und blauen Booten die malerischste Ecke Procidas. Ein weiterer Hafenort liegt am anderen Ende der Insel in einer Einbuchtung: *Chiaiolella.* Hier ist am meisten los, mit Strandbädern, mehreren Hotels und dem vorgelagerten Inselchen *Vivara,* einem Wald- und Vogelparadies.

ESSEN & TRINKEN

Lo Scarabeo
In Ciraccio unweit des gleichnamigen Strands Kaninchenbraten im Schatten einer Zitronenterrasse. *Im Winter Mo geschl., Via Salette 10, Tel. 08 18 96 99 18,* €

Sent'cò
Am Hafen von Marina Grande ein großes, einladendes Lokal mit handfester traditioneller Inselküche, viel Gemüse und Fisch. *Im Winter Mo–Do geschl., Via Roma 167, Tel. 08 18 10 11 20,* €€

ÜBERNACHTEN

La Casa sul Mare
Im alten Kern unterhalb der Burg zehn geschmackvolle, helle Zimmer mit Balkon und toller Aussicht. *Via Salita Castello 13, Tel./Fax 08 18 96 87 99, www.lacasasulmare.it,* €€

Hotel Ristorante Crescenzo
Das Haus pflegt eine gute Küche und ist das ganze Jahr hindurch geöffnet. *10 Zi., Marina Chiaiolella, Tel. 08 18 96 72 55, Fax 08 18 10 12 60, www.hotelcrescenzo.it,* €–€€

AUSKUNFT

Vermittelt auch Ferienwohnungen in ehemaligen Fischerhäusern, Fahrräder, Bootsfahrten etc. *Via Roma 117, Marina Grande, Tel. 08 18 96 95 94, www.isoladiprocida.it*

Fischerdörfchen Corricella: Idyll wie aus längst vergangenen Zeiten

Ein mediterraner Traum

Auf alten Maultierpfaden durch Zitronenhaine hoch über den pastellfarbenen Städtchen wandern

Man nennt sie die *Costa Divina,* die göttliche Küste. Sie beginnt mit den Ausläufern der Monti Lattari, die sich als Halbinsel ins Meer vorschieben und den Südbogen des Golfs von Neapel bilden. Hier oben liegt Sorrent, und von den Gärten und Hotelterrassen hat man einen traumhaften Blick auf den Vesuv und die Stadt Neapel. Vor der Spitze der Halbinsel, der Punta Campanella, mit ihrer Fauna und Flora unter strengem Naturschutz, liegt Capri zum Greifen nah. Weiter gen Osten beginnt die Amalfitana, die gewundene, 40 km lange Traumstraße an der nach Zitronen duftenden Klippenküste über kobaltblauem Meer, vorbei an pastellfarbenen Städtchen, die in den Schluchten und Einbuchtungen der Felsen liegen.

Von Ostern bis zum Herbst bricht hier täglich das Verkehrschaos aus, besonders an den Wochenenden. Kein Parkplatz ist zu finden, und die schmale Küstenstraße, obschon gut gesichert, wird zur Hölle. Tagsüber dürfen im Sommerhalbjahr keine privaten Busse, Campingwagen und Caravans auf diese Straße. Daher: Nehmen Sie den Linienbus (bewundernswert die gelassenen Busfahrer), oder kommen Sie via Meer mit den dann regelmäßig verkehrenden Schiffen von Neapel, Sorrent, Salerno, der Cilentoküste und den Inseln aus.

Ein Postkartenidyll: die Steilküste bei Vettica Minore an der Westlichen Amalfiküste

Wahrzeichen der Amalfitana: Zitronen

Um zum zauberhaften Städtchen Ravello zu gelangen, müssen Sie hinter Amalfi abzweigen und durch ein enges Tal hinauffahren oder -wandern. Hoch über der Felsküste gelegen, ist Ravello für viele das schönste Belvedere Italiens. Die Amalfitana setzt ihren Lauf fort bis zum Keramikstädtchen Vietri sul Mare. Von hier oben blickt man auf den Golf von Salerno, auf die uralte, quirlige Hafenstadt im Aufwind – ihr Besuch lohnt allemal.

Orientalisch gibt sich der Kreuzgang Chiostro del Paradiso in Amalfis Dom

AMALFI

[119 D5] Zwei Plätze und eine Hauptstraße, ein Auf und Ab von Treppen und Gassen, die die übereinander gestapelten weißen Häuser, sieben Kirchen, den prächtigen Dom und den Hafen miteinander verbinden, und durchs Häusergewirr bohrt sich die Rua Nova Medrcatorum, ein mittelalterlicher Gassentunnel: All das drängt sich zwischen dem Meer und dem Tal der Mühlen, der Schlucht Valle dei Mulini, die wie ein langer, schmaler Trichter in die Felsküste hinaufführt. Auf diesem engen Raum leben immerhin 6000 Menschen.

Im Mittelalter, als Amalfi zu den vier großen Seerepubliken (Pisa, Genua, Venedig) zählte, die mit ihren Handelsflotten den Warenverkehr zwischen Abendland und Morgenland beherrschten, sollen es über 50 000 gewesen sein – bis die Stadt 1135 von ihrer Konkurrentin Pisa in die Knie gezwungen wurde, bis Erdrutsche und Sturmfluten große Teile ins Meer rissen. Die Gegend geriet ins Abseits, lebte von Fischfang, Handwerk, Goldschmiedekunst, vor allem aber von der kostbaren, bei den Arabern gelernten Papierherstellung: Bis zu 16 Papiermühlen standen an den reißenden Bergbächen des Tals.

Ein neues Leben begann mit dem Bau der Küstenstraße 1840. Es kamen die ersten Fremden, Künstler, Schriftsteller. Die beiden großen Klöster Amalfis, beide aus dem 13. Jh., wurden in prächtige Hotels umgewandelt: Luna und Cappuccini. Amalfi war nun ein Ort, an dem die Sensiblen und Wohlhabenden aus den Nordländern von Oktober bis März überwintern. Und heute? Allein von der Lage her droht Amalfi keine Zersiedelung, wohl aber kommen jede Menge Reisebusse, die täglich Tausende von Tagesbesuchern ins Ortszentrum an den Fuß der Domtreppe karren. Dennoch, ihren optischen Reiz hat die Stadt bewahren können, und so bleibt sie Kulisse für schönes Wohnen (teuer), gutes Essen (teuer) und herrliche Naturschauspiele vom Morgendunst bis zum Abendrot.

SEHENSWERTES

Arsenale

Werfen Sie unten am Hafen, an der *Piazza Flavio Gioia* (benannt nach dem Erfinder des Kompasses), einen Blick in die eindrucksvolle Backsteinhalle, ein Rest der mittelalterlichen Werften, heute Ausstellungsraum.

Duomo Sant'Andrea/ Chiostro del Paradiso

Am Kopf einer breiten, steilen Treppe erhebt sich der Dom mit einem Säulenatrium in schwarzem und weißem Marmordekor und bunt schillernden Giebelmosaiken. Ein Erdrutsch hatte die Kirche 1861 zusammenbrechen lassen, originalgetreu baute man sie wieder auf. Einzig der Kirchturm mit seinen majolikageschmückten Minarettkuppelchen war stehen geblieben. Schon vor dem Zusammenbruch war der Dom nicht aus einem Guss. So verbergen sich hinter dem breiten Säulenatrium zwei Kirchen und ein Kreuzgang mit arabischen, normannischen und barocken Stilelementen. Die Ursprungskirche ist die *Cappella del Crocifisso* aus dem 10. Jh., heute von ihrem barocken Stuck befreit und seit 1995 ein sehenswertes *Dommuseum.* Die dreischiffige Hauptkirche kam im 11. Jh., als die Seerepublik sich auf dem Gipfel von Reichtum und Einfluss fühlte, dazu. Sie besitzt ein *Bronzeportal* aus Konstantinopel, ein Meisterwerk orientalischer Kunst von 1066. Darunter geht es in die barock gestaltete Krypta mit dem Reliquiar des heiligen Andreas, des ersten Apostels Jesu, der in Amalfi

MARCO POLO Highlights »Küste von Amalfi«

★ **Chiostro del Paradiso**
Ein Hauch Morgenland im Dom Sant'Andrea von Amalfi (Seite 64)

★ **Antichi Sentieri**
Auf alten Maultierpfaden durch herrliche Vegetation wandern (Seite 65)

★ **Duomo San Matteo**
Salernos romanischer Dom mit orientalischen Säulen und einer barocken Ausstattung (Seite 73)

★ **Duomo San Pantaleone**
Kostbare Mosaiken und ein byzantinisches Bronzeportal in Ravellos Dom (Seite 71)

★ **Locanda Don Alfonso 1890**
Das Spitzenrestaurant von Kampanien in Sant'Agata sui Due Golfi (Seite 77)

★ **Terrazza dell'Infinito**
Der Name verspricht nicht zu viel: unendliche Blicke von Ravello über die Küste und das Meer (Seite 71)

hoch verehrt wird. Der mit seinen Doppelspitzbögen orientalisch anmutende Kreuzgang ★ *Chiostro del Paradiso* aus dem 13. Jh. war einst der Friedhof der Amalfitaner Aristokratie. *Chiostro del Paradiso und Museo del Duomo März–Juni, Okt., Nov. tgl. 9–19, Juli–Sept. 9–20 Uhr*

MUSEEN

Museo della Carta

Die berühmten Papierfabriken Amalfis, die die Amtsstuben des Königreichs Neapel belieferten, schafften Ende des 19. Jhs. nicht den Sprung zur Modernisierung. Nur zwei Werkstätten überlebten, da sie auf höchste handwerkliche Qualität setzen: Insider Tipp *Amatruda* und *Antica Cartiera Amalfitana* in Tramonti. Auf ihrem besonders langlebigen, von Künstlern hoch geschätzten Papier werden bibliophile Kostbarkeiten gedruckt. Das Papiermuseum zeigt diese Tradition. *März–Okt. tgl. 10 bis 18.30, Nov.–Feb. Di–So 10 bis 15.30 Uhr, www.museodellacarta.it, Via delle Cartiere 24*

Museo Civico

Wer an der Geschichte Amalfis als Seemacht interessiert ist, schaut sich bestimmt die *Tabula Amalphitana* im Rathaus an, das mittelalterliche Seefahrer- und Handelsrecht der Republik. *Mo–Sa 9–13 Uhr, Piazza Municipio 1*

ESSEN & TRINKEN

Cantina San Nicola

Eine Entdeckung in den ruhigen Gassen im hinteren Teil Amalfis: rustikal-anheimelndes Ambiente zu schmackhaften Gerichten und erstklassigen Weinen. *Fr geschl., Via Salita Marino Sebaste 8, Tel. 08 98 30 45 49,* €

La Caravella

Elegantes Lokal unter Gewölben beim Arsenal, feine Fischküche. *Di geschl., Via Matteo Camera 12, Tel. 089 87 10 29,* €€€

Marina Grande

Sorgfältige Traditionsküche mit kreativem Touch, auch Pizza. Schöner Blick aufs Meer. *Im Winter Mo geschl., Viale della Regione 4, Tel. 089 87 11 29,* €€

EINKAUFEN

Briefpapier, Kladden, Alben aus Amatruda-Papier sowie alte Veduten Amalfis finden Sie bei *Antiche Stampe di Amalfi (Piazza Duomo 11).*

ÜBERNACHTEN

Eine bezahlbare Alternative zu den teuren Hotels ist Bed & Breakfast *(www.bb-italia.com).* Auf *www.amalfitouristoffice.it* finden Sie Adressen von Ferienwohnungen und Zimmern *(affittacamere),* zu Ferienwohnungen: *www.cam-casa.de.*

Hotel Amalfi

Mitten im Geschehen: ein ordentliches Hotel gleich beim Dom mit Restaurant. Frühstück auf der Dachterrasse. *40 Zi., Via dei Pastai 3, Tel. 089 87 24 40, Fax 089 87 22 50, www.hamalfi.it,* €€

Residence Del Duca

Mitten in Amalfi in einem Adelspalast fünf charmante Zimmer mit Frühstück auf dem Balkon. *Via Mastalo II Duca 3, Tel. 08 98 73 63 65, www.residencedelduca.it,* € – €€

Santa Caterina

Über den Klippen, das eleganteste (und teuerste) Hotel Amalfis mit exzellentem Restaurant. *61 Zi., Via Nazionale 9, Tel. 089 87 10 12, Fax 089 87 13 51, www.hotelsantacaterina.it,* €€€

STRÄNDE

Tatsächlich liegt vor Amalfi sogar ein kleiner Sandstrand, ansonsten verzieht man sich in Buchten und auf Klippenstege oder an den grausandigen Strand vom Nachbarort Atrani.

AUSKUNFT

Corso Repubbliche Marinare 27, Tel. 089 87 11 07, Fax 089 87 26 19, www.amalfitouristoffice.it, www.amalficoastweb.com

ZIELE IN DER UMGEBUNG

Antichi Sentieri (Alte Bergpfade) [119 D5]

★ Amalfi ist kein Ort, an dem man den ganzen Tag am Strand liegen kann. Schon seit jeher nutzen die Feriengäste die alten Maultierpfade und Treppenwege gleich im Rücken Amalfis zu Wanderungen in die Berge, hinein in eine andere Welt. An den Terrassen mit Zitronen- und Orangenbäumen entlang, durch Wälder und Schluchten, auf Anhöhen mit kleinen Siedlungen wie *Pogerola* und *Pontone* und phantastischen Blicken über die Küste. Eine klassische Wanderung führt in die *Valle dei Mulini* mit ihren Ruinen alter Papierfabriken, Wasserfällen und dichten Waldstücken, eine andere durch das hübsche Atrani hinauf bis nach Ravello. Anspruchsvoller ist eine Bergwanderung ins Naturschutzgebiet *Valle delle Ferriere* voller seltener Pflanzenarten (vor allem Farne). Der Weg ist vom italienischen Alpenverein CAI markiert und geleitet bis auf 1000 m in alpine Landschaft hinauf, berühmt für ihre atemraubenden Ausblicke. Fragen Sie nach Karten im Fremdenverkehrsamt und in den Zeitungsläden Amalfis, oder surfen Sie auf der Website *www.italienwandern.de.*

Direkt vor Amalfi lässt die Steilküste sogar Platz für einen kleinen Sandstrand

Östliche Amalfitana [119 D–E 4–5]

Atrani schließt gleich an Amalfi an, nicht so teuer, aber sehr malerisch: gut erhaltene Mittelmeerarchitektur aus weißen Häusern, Treppen und Plätzchen wie der zauberhaften *Piazzetta Umberto I.* Die Kirche *San Salvatore de Bireto* besitzt ein schönes orientalisches Bronzeportal von 1087. Zur Zeit der Republik war Atrani Wohnort des Amalfitaner Adels. An Übernachtungsmöglichkeiten gibt es hier eigentlich nur das kleine, nette *Ostello A' Scalinatella (12 Zi., Piazza Umberto I 12, Tel. 089 87 14 92, Fax 089 87 19 30, www.hostelscalinatella.com, €)* im Zentrum, dafür aber eine Reihe einladender Restaurants, z.B. *'a Paranza (im Sommer tgl., sonst Di geschl., Via Dragone 1–2, Tel. 089 87 18 40, €–€€).*

Es folgen *Minori* und *Maiori,* beide an Flussmündungen gelegen, mit breiten Sandstränden, Palmenpromenaden und viel touristischer Infrastruktur. Ihr Ortsbild hat gelitten durch den modernen Wiederaufbau nach den Zerstörungen durch die Überschwemmungen von 1954. In Minori stehen beachtliche Reste einer römischen Villa; Die Jugend trifft sich gern in der Gartentrattoria *Giardiniello (Okt. bis Mai Mi geschl., Corso Vittorio Emanuele 17, Tel. 089 87 70 50, €€).* Bei Maiori führt eine landschaftlich traumhafte Fahrt in die Berge nach *Tramonti.* Eine ländlich-einfache Alternative zur mondänen Küste ist hier der *Agriturismo Mare e Monti (3 Zi., 3 Apts., Via Trugnano 3, Tel./Fax 089 87 66 65, www.agriturismomaremonti.it, €)* in Corsano nahe Tramonti.

Beim *Capo d'Orso,* dem Bärenkap, finden Sie Reste einer Benediktinerabtei aus dem 11. Jh. und haben eine herrliche Sicht auf die Küste Amalfis und die Sorrentinische Halbinsel bis nach Capri. Es folgen das kleine *Erchie* tief unten in einem Taleinschnitt an sandiger Bucht und das malerische Fischerdorf *Cetara* mit seiner majolikageschmückten Kuppelkirche *San Pietro,* am 29. Juni Ausgangspunkt

Die Eselkarawane von Nocelle

Noch heute sind im unwegsamen Hinterland Lastesel im Einsatz

Die steile, felsige Amalfiküste mit ihren engen Ortschaften ist einfach nicht geschaffen für Autos, sie sind zu groß und können vor allem nicht klettern. Vor der Herrschaft des Autos war der Esel hier das ideale Verkehrsmittel. Auf den sich die Küste hochschlängelnden Maultierpfaden wandern nunmehr die Touristen entlang. Doch ganz ohne Esel kommt man auch heute nicht aus: Im straßenlosen Dorf Nocelle oberhalb von Positano arbeiten zehn Eselchen als Gepäck-, Holz- und Warenträger; und immer wieder muss ihr Besitzer sie an Baufirmen in Positano ausleihen.

Im Osten der Amalfitana lohnt das Keramikstädtchen Vietri einen Bummel

einer Strandprozession. In Cetara hat man sich auf den Fang und die Verarbeitung von *pesce azzurro* spezialisiert: Sardellen, Sardinen und vor allem Thunfisch. Die Spezialität *colatura di alici,* einen Sardellensud, bekommen Sie köstlich zubereitet in den hiesigen Restaurants, so bei *San Pietro (Di geschl., Piazzetta San Francesco 2, Tel. 089 26 10 91, €€).*

Das Ende der Amalfitana bildet das Keramikstädtchen *Vietri sul Mare* (10 000 Ew.), größter Ort an der Costa Divina. Seine Tradition der Keramikherstellung soll auf die Etrusker zurückgehen, die den Ort gründeten. Ein Geschäft reiht sich ans nächste, Berge von bunt glasiertem Geschirr, Krügen, Blumenschalen stapeln sich vor mit Majolikakacheln verzierten Hauswänden. Das *Keramikmuseum* im Ortsteil Raito in der *Torretta,* dem Turm des Parks der *Villa Guariglia (tgl., im Winter Di–So 9 Uhr–1 Std. vor Sonnenuntergang),* zeigt eine sehenswerte Keramiksammlung, darunter auch die so genannte »deutsche Periode«, als in den Zwanzigerjahren des 20. Jhs. zahlreiche deutsche Keramikkünstler nach Vietri zum Arbeiten kamen. Spektakulär ist die Majolikaverkachelung in einer der renommierten Keramikfabriken: *Ceramiche Artistiche Solimene (Via Madonna degli Angeli 7).*

Westliche Amalfitana [118–119 C–D5]

Von Amalfi in Richtung der malerisch verstreut liegenden Gemeinde *Conca dei Marini* stößt man an der Straße auf den Einstieg hinunter zur *Grotta dello Smeraldo (tgl. 9–16, beste Zeit 12–14 Uhr, Aufzug):* eine 60 mal 30 m große Tropfsteinhöhle, durch deren Wasser Lichtfilterungen herrliche, smaragdgrüne Farbschattierungen produzieren.

Hoch oben auf einem Felsen über der Küste liegt das weiße Kloster

Lädt im Bohemeörtchen Furore zum Mahl: die Hostaria di Bacco

Santa Rosa, dessen Nonnen die berühmte, mit Ricotta und kandierten Früchten gefüllte Blätterteigtasche *sfogliatella* erfanden und die hier am zweiten Augustwochenende gefeiert wird.

Bei der Weiterfahrt Richtung Positano überquert die Küstenstraße den dramatischen *Fjord von Furore:* Insider Tipp Im Mittelalter war die schluchtartige Bucht ein natürlicher Hafen; die wenigen Häuserruinen sind restauriert und teils in Ferienunterkünfte *(www.furorepaesealbergo.it)* umgewandelt worden. Von hier trug man die Waren über eine kilometerlange Steintreppe hinauf in den Weiler *Furore* auf den Hängen zwischen Rebterrassen (guter Lokalwein) und Zitronenhainen. In Furore weht ein Hauch von Boheme: Jeden September kommen Künstler und bemalen die so genannten *muri d'autore,* Insider Tipp Häuserwände mit bunten Geschichten. Das und die dramatische Naturkulisse haben Furore beliebt gemacht. Davon zeugen eine Reihe Hotels, vom raffinierten Luxusresort *Furore Inn (www.furore inn.it)* mit dem Gourmetrestaurant *La Volpe Pescatrice (April–Mitte Nov. tgl., Via dell'Amore, Ortsteil Sant'Elia, Tel. 089 830 47 11, €€€)* bis zur sympathischen *Locanda del Fiordo (18 Zi., Via Trasita 9, Tel. 089 87 48 13, www.lalocandadel fiordo.it, €€)* oder dem guten Restaurant *Hostaria di Bacco (tgl., Tel. 089 83 03 60, Fax 089 83 03 52, www.baccofurore.it, €)* mit Hotel *(20 Zi.)*.

Praiano, ein Dorf zwischen Gärten und Olivenhainen mit der schönen, majolikageschmückten Kirche *San Gennaro,* besiedelt zusammen mit Vettica Maggiore den Landrücken zum Capo Sottile. Eine Einbuchtung in die Küste schafft zwischen abfallenden Hängen den Platz für *Marina di Praia* mit Strand am Meer und Tauchmöglichkeiten. Die ehemalige Fischersiedlung ist heute eine kleine Ansammlung von Pensionen mit einem guten Fischrestaurant: *Alfonso a Mare (Via Marina di Praia, Tel. 089 87 40 91, Fax 089 87 41 61, www.alfonsoamare.it, €€),* zugleich nettes Hotel *(11 Zi.),* das auch eine Dependance in Praiano hat *(Casa Alfonso, 16 Zi., Tel. 089 87 40 48, €€)*. Marina di Praia ist zudem Anlaufpunkt für Diskofans, die sich in der äußerst beliebten *Disco Africana* treffen.

POSITANO

[118 C5] Stufenweise fällt die Kaskade würfelförmiger Häuser an zwei Hängen zum Meer hinab, Dächer mit platt gedrückten Kuppeln über weißen und rosafarbenen Fassaden, bogenüberspannte Loggien und Balkone, an denen sich Bougainvilleen und Wildröschen hochranken. Gegenüber liegt die kleine Felsinselgruppe *Li Galli,* angeblich die versteinerten Sirenen des Odysseus. Positano (4000 Ew.) war einst ein Seefahrerort, bis in den Fünfzigerjahren des 20. Jhs. die verspielten Schönen der Dolce Vita Positano entdeckten. Ihnen folgten schillernde Hippies. Die Stadt boomte – und kreierte Mode: leichte, flatternde Stoffe in mediterranen Farben. Man nähte, färbte, verkaufte im Akkord, Positano wurde zum Modezentrum. Auch heute noch reiht sich eine Boutique an die andere, dazu Geschäfte mit handgemachten Taschen und Sandalen.

SEHENSWERTES

Santa Maria Assunta

Die schöne Kirche mit Majolikakuppel an der Hauptpiazza besitzt im Innern ein mittelalterliches Marienbild, draußen am Kirchturm ein Relief mit Fischen, Fuchs und Seeungetüm, das Wahrzeichen Positanos. *Piazza Flavio Gioia*

ESSEN & TRINKEN

Il Guarracino

Auf einer Terrasse über dem Hauptstrand Fornillo gibt es schmackhafte Pasta- und Fischgerichte sowie Pizza; hier essen auch die Einheimischen. *Im Sommer tgl., Via Positanesi d'America 12, Tel. 089 87 57 94,* €–€€

Max

Kunstgalerie, *wine bar,* sorgfältige Küche, stimmungsvolle Räumlichkeiten – ein Lokal mit viel Flair. *Im Sommer tgl., Via dei Mulini 22, Tel. 089 87 50 56, www.ristorantemax.it,* €€–€€€

Da Vincenzo

Vincenzos Spezialität sind die *margaret,* mit Ricotta gefüllte Teigtaschen, frisches Basilikum und die kleinen, süßen Tomaten von Furore. *Im Sommer tgl., Via Pasitea 172–178, Tel. 089 87 51 28,* €–€€

La Zagara

Legendäres Konditoreicafé, *der* Treffpunkt zum Aperitif mit Fruchtsäften und -cocktails auf wunderschöner Terrasse unter Zitronenbäumen. *Via dei Mulini 8*

EINKAUFEN

Durch das Zentrum Positanos, für den Verkehr gesperrt, schlängelt sich die *Via Pasitea* mit einer Boutique neben der anderen, mit far-

Strandleben in Marina di Praia

Häuserkaskade am Hang über dem Meer: das Modestädtchen Positano

benfroher Sommermode, lässig, elegant, nicht billig. Oder Sie kaufen die hiesigen Spezialitäten: kampanische Weine, Marmeladen aus Zitrusfrüchten und den knallgelben Zitronenlikör *limoncello.*

ÜBERNACHTEN

La Bougainville
Reizendes, kleines Familienhotel, zentral. *14 Zi., Via Colombo 25, Tel. 089 87 50 47, Fax 089 81 11 50, www.bougainville.it,* €–€€

Hotel Reginella
Zehn hübsche Zimmer, die meisten mit Meerblick, mitten im Ort. *Via Pasitea 154, Tel./Fax 089 87 53 24, www.reginellahotel.it,* €€

San Pietro
Phantastisches, in die Klippen gebautes Luxushotel mit großartigem Blick, eigenem Aufzug zum Strand und einem sterngekrönten Restaurant. *58 Zi., Via Laurito 2, Tel. 089 87 54 55, Fax 089 81 14 49, www.ilsanpietro.it,* €€€

Le Sirenuse
Traumhafter Adelspalast im Herzen Positanos mit schickem Spabereich. *60 Zi., Via Colombo 30, Tel. 089 87 50 66, Fax 089 81 17 98, www.sirenuse.it,* €€€

AM ABEND

Music on the rocks: Disko und Pianobar am Strand *Marina Grande.*

AUSKUNFT

Via del Saracino 4, Tel. 089 87 50 67, Fax 089 87 57 60, www.aziendaturismopositano.it

ZIELE IN DER UMGEBUNG

Montepertuso/ Santa Maria del Castello [118 C5]
Auch von Positano aus kann man Bergausflüge unternehmen: etwa

über recht steile Treppen hinauf nach Montepertuso, 365 m über dem Meer (40 Minuten), ein Örtchen mit einigen besonders guten Trattorien *(Donna Rosa, Okt. bis Mai Di, Juni–Sept. Di-Mittag und Mo geschl., Tel. 089 81 18 06, €€; Il Ritrovo, im Winter Mi geschl., Tel. 089 87 54 53, €–€€).* Eine klassische Tour ist der steile Aufstieg im Rücken Positanos hinauf zum *Belvedere* beim Wallfahrtskirchlein *Santa Maria del Castello.* Zu den schönsten Wanderungen an der Costa Divina gehört der Höhenweg *Sentiero degli Dei* von Montepertuso nach Agerola.

RAVELLO

[119 D5] Für viele Kenner der Costa Divina ist Ravello auf 374 m Höhe der Lieblingsort. Bei Atrani zweigt die Straße ab hinauf ins grüne »Drachental« *Valle del Dragone.* Die Straße windet sich durch Wälder und über in Terrassen gestufte Hänge, auf denen Oliven und Zitronenbäume, vor allem aber Wein, der beste der Küste, wachsen. Auf der anderen Seite des Tals liegt Scala mit großem Dom romanischen Ursprungs. Im Mittelalter durch gute Verbindungen zu den Normannen eine reiche Stadt, hat Ravello auch heute trotz nur 2200 Bewohnern mit zwölf Kirchen, mit Konventen und Villen nichts Provinziell-Dörfliches. Lange im Dornröschenschlaf, wurde es im 19. Jh. von romantischen Künstlern zum Leben erweckt. Ein paar Traumhotels in stimmungsvollen Palazzi und zauberhaften Gärten bei atemraubendem Panorama (*Palazzo Sassi* mit Sternerestaurant *Rossellinis,* dann *Caruso, Palumbo, Villa Cimbrone*) runden das Bild ab.

SEHENSWERTES

Duomo San Pantaleone

★ Bei einer Radikalrestaurierung 1975 wurde die romanische Kathedrale aus dem 11./12. Jh. vom Barock befreit. Der Einfluss byzantinisch-normannischer Kultur zeigt sich in der Bronzetür des Apuliers Barisano da Trani aus dem 12. Jh., in den Mosaiken am Ambo (Lesepult) mit Ungetümen, die Jonas verschlingen (ebenfalls 12. Jh.), sowie in den Mosaiken und Reliefs an der Kanzel (13. Jh.) von Niccolò di Bartolomeo da Foggia, auch aus Apulien. Im kleinen *Domschatzmuseum* wird neben einigen kostbaren Reliquienbehältern und mosaikverzierten Steindekorationen die wunderschöne Marmorbüste der Sigilgaita Rufolo aus der antiken Raveller Familie Rufolo von 1272 aufbewahrt. *Museo del Duomo tgl. 9 Uhr–1 Std. vor Sonnenuntergang, Piazza Vescovado*

Villa Cimbrone

Die Villa von 1904 im auf mittelalterlich getrimmten Kitschstil steht auf dem äußersten Punkt des Felssattels, auf dem Ravello liegt. Absoluter Höhepunkt ihres großzügigen Parkgartens mit Alleen, Hecken, Beeten, Skulpturen, Tempelchen ist die Aussichtsterrasse ★ *Terrazza dell'Infinito* mit einem Panorama über die gesamte Küste. Heute beherbergt die Villa ein edles *Hotel (19 Zi., Tel. 089 85 74 59, Fax 08 98 57 77, www.villacimbrone.it, €€€)* mit gutem Restaurant. *Park tgl. 9 Uhr–1 Std. vor Sonnenuntergang, 5 Euro*

Umrankt von Efeu und Legenden: die Villa Rufolo mit Terrassengarten

Villa Rufolo

Durch einen stämmigen Turm geht es hinein in die Villa aus dem Mittelalter in arabisch-sizilianischem Stil (so die Spitzbögen im kleinen Innenhof) und in ihren Terrassengarten über der Küste mit Palmenstauden, Schirmpinien und herrlichen Ausblicken. Im 13. Jh. als Wohnsitz der Ravelleser Familie Rufolo entstanden, wurde die Villa berühmt durch Richard Wagner, der sich, so heißt es, vom Park zu Klingsors Zaubergarten für seine Oper »Parsifal« anregen ließ. Ab März finden im Innern und auf der Terrasse anspruchsvolle Konzerte statt, bei denen nicht nur Wagner gespielt wird *(Programm: www.ravellofestival.com)*. Zurzeit plant man den Bau einer neuen Konzertarena durch Oscar Niemeyer. *Tgl. 8 Uhr–1 Std. vor Sonnenuntergang*

ESSEN & TRINKEN

Caffè dell'Arte

Im wunderschönen Nobelhotel Palazzo Sassi trifft man sich zum Essen, zu Cocktail und Aperitif und abends bei Loungemusik auf den Terrassen dieses schicken Caférestaurants. *März–Okt. tgl., Via San Giovanni del Toro 28, Tel. 089 81 81 81,* €€€

Cumpà Cosimo

Ein Muss wegen seiner allseits gelobten, köstlichen Nudelgerichte. *Mo geschl., Via Roma 44, Tel. 089 85 71 56,* €

Villa Maria

Ein weiterer Traumplatz mit Weitblick ist die lauschige Restaurantterrasse des charmanten Traditionshotels Villa Maria. Schmackhafte, frische Traditionsküche zu gutem Preis. *Tgl., Via Santa Chiara 2, Tel. 089 85 72 55,* €€

ÜBERNACHTEN

Salvatore

Sechs hübsche, komfortable Zimmer mit Bad und Ausblick vermietet das Restaurant Salvatore. Eine preiswerte Möglichkeit, in Ravello zu verweilen. *Via della Repubblica, Tel. 089 85 72 27, Fax 08 98 58 60 00, www.salvatoreravello.com,* €–€€

Villa San Michele

Zu Füßen Ravellos liegt dieses kleine, charmante Hotel in toller Lage direkt an den Klippen überm Meer.

12 Zi., Via Carusiello 2, Tel./Fax 089 87 22 37, www.hotel-villasanmichele.it, €€

AUSKUNFT

Piazza Duomo, Tel. 089 85 70 96, Fax 089 85 79 77, www.ravellotime.it

SALERNO

[119 E4] Am Ende der Amalfitana tut sich die Bucht von Salerno mit ihrem riesigen Containerhafen auf. Vom Hafen starten Fährboote zur Amalfiküste, zu den Inseln, an den Cilento. Obschon nach den Bombardierungen von 1943 modern und schäbig zersiedelt, lohnt die im Mittelalter wegen ihrer Medizinschule Scuola Medica in ganz Europa berühmte Stadt (130 000 Ew.) einen Besuch: Die Altstadt füllt sich mit neuem Leben, schöne Küstenpromenaden laden zum Flanieren ein, und der romanische Dom gehört zu den bedeutenden Sehenswürdigkeiten Süditaliens. In Domnähe verläuft die lebendige Bummelmeile *Via dei Mercanti.*

SEHENSWERTES

Castello Arechi

Die imposante Festungsanlage mit schönem Panorama auf die Stadt erhebt sich auf den Hügeln. Schon unter den Langobarden errichtet, wurde sie im Lauf der Jahrhunderte mehrfach umgebaut. *Di bis So 9–17 Uhr*

Duomo San Matteo

★ Als sich die Stadt unter Robert il Giuscard, dem Herrscher über das süditalienische Normannenreich, im 11. Jh. die Reliquien des Apostels Matthäus sichern konnte, wurde die stattliche dreischiffige Basilika mit einem rechteckigen Atrium errichtet (1071). An ihrer Ausstattung beeindrucken vor allem das bronzene Portal byzantinischer Machart (1099), die Kanzeln mit hochwertigem Mosaikschmuck und romanischer Steinmetzkunst sowie die orientalisch anmutenden Säulen. Ein Museum nebenan im ehemaligen Bischofsseminar zeigt mittelalterliche Sakralkunst und Gemälde. *Largo Plebiscito*

MUSEEN

Museo Archeologico Provinciale

In einem mittelalterlichen Klosterkomplex untergebracht, zeigt das Museum reiche Fundstücke zur Antike Salernos und des Cilento. Von dort kommen vor allem kostbare Grabgaben der alten lukanisch-italischen Bevölkerung. *Di–Sa 9.30 bis 13.30 und 14–15.30, So 9–13 Uhr, Via San Benedetto 28*

ESSEN & TRINKEN

Hostaria Il Brigante

Originelle, rustikale Hosteria mit frischer, einfallsreicher Lokalküche in Domnähe. *Mo geschl., Via Fratelli Linguiti 4, Tel. 089 22 65 92, €*

ÜBERNACHTEN

Hotel K

Das reizvoll begrünte, renovierte Komforthotel liegt an der Uferpromenade. *53 Zi., Lungomare Colombo (Via D. Somma 47), Tel. 089 75 27 20, Fax 089 72 55 16, www.hotelk.it, €€*

AUSKUNFT

Am Bahnhof, Tel. 089 23 14 32, Fax 089 25 25 76, www.salerno city.com

SORRENTO (SORRENT)

[118 B5] Sorrent (17 000 Ew.), eine griechische Gründung und Geburtsort des großen Ependichters Torquato Tasso, und die dazugehörige Halbinsel wurden dank ihrer phantastischen Lage auf einem mächtigen Tuffplateau hoch über dem Golf von Neapel im 18. Jh. von den Engländern »entdeckt«. In der Folgezeit entstanden wunderschöne Prachthotels und Villen in herrlichen Parks. Davon gibt es immer noch einige, die den alten Zauber Sorrents erspüren lassen. Zugleich sind mit der Zeit viele weitere Hotels hinzugekommen, auf dem Plateau findet sich sogar Platz für Campingplätze, aber auch für Zersiedelung und Verkehrschaos.

Sorrent ist nicht nur wegen seiner Lage berühmt, sondern auch für seine Tradition der Einlegearbeiten, der Intarsien, sowie dafür, dass man hier die Tradition des süditalienischen Tarantellatanzes aufrechterhält. Und dank zahlreicher Geschäfte, netter Cafés, Kulturveranstaltungen und Clubs, zu denen auch die jungen Leute aus Neapel kommen, ist hier immer viel los.

SEHENSWERTES

Belvedere der Villa Comunale

Diese herrliche Aussichtsterrasse befindet sich im kleinen Stadtpark Sorrents, einem ehemaligen Klostergarten.

Kirchen

Der *Dom Santi Filippo e Giacomo,* romanischen Ursprungs, mit Fassade von 1924 und alten und neuen Intarsien im Innern und am Portal, liegt am *Corso Italia.* Der arabisch angehauchte Kreuzgang von *San Francesco* (Insider Tip) ist Schauplatz sommerlicher Konzerte. Die Kirche *Sant'Antonio* birgt Votivbilder der Seefahrer und eine schöne Weihnachtskrippe.

Sedile Dominova

Unter dieser mit Fresken ausgemalten Loggia, (Insider Tip) in der im 16. Jh. die adligen Stadträte tagten, sitzen heute die Rentner aus dem örtlichen Arbeiterverein beim Kartenspiel. *Via San Cesareo 72*

MUSEEN

Museo Archeologico

Das Museum liegt im Ortsteil Piano di Sorrento inmitten einer wunderschönen Parkanlage. Es zeigt Zeugnisse der antiken Besiedlung der Halbinsel, Funde aus prähistorischen Nekropolen und der Antike sowie schöne Statuen aus römischen Badevillen. *Di–So 9–19 Uhr, Villa Fondi, Ripa di Cassano*

Museo Bottega della Tarsia Lignea (Insider Tip)

Der Renaissancepalast Pomarici-Santomasi, selbst einen Besuch wert, zeigt eine herausragende historische Intarsiensammlung des Intarsienherstellers Alessandro Fiorentino, dazu auch dessen Designstücke. Angegliedert ist ein Shop. *Di–So 9.30–13 und 16–20 (Nov.–März 15–19) Uhr, Via San Nicola 28*

Blick auf die Berge und über den Golf bis nach Neapel: Promenade von Sorrent

Museo Correale di Terranova
In einer Villa mit einem wunderschönen Orangenhain (allein schon lohnend) befinden sich eine hochwertige Porzellansammlung, Rokokospiegel, Fächer, antike Vasen und schöne Antiquitäten. *Mi–Mo 9–14 Uhr, Via Correale 50*

ESSEN & TRINKEN

Il Buco
Erstklassige lokale Zutaten originell und sorgfältig kombiniert, eine gute Adresse außerhalb des sonst vorherrschenden Massenangebots in Sorrent. *Mi geschl., Rampa Seconda Marina Piccola 5, Tel. 08 18 78 23 54,* €€€

Emilia
Im Sommer auf einer Plattform überm Wasser, Fisch aus dem Netz gleich in die Pfanne. *Im Winter Di geschl., Via Marina Grande 62, Tel. 08 18 07 27 20,* €–€€

Gigino Pizza a Metro
Eine am ganzen Golf berühmte Megapizzeria (über 100 Angestellte) im Nachbarort Vico Equense. Pizza als Inbegriff kollektiven Schlemmens gibt es hier gleich meterweise. *Tgl., Via Nicotera 10, Tel. 08 18 79 84 26,* €

Torre del Saracino
Ebenfalls in Vico Equense tischt der gerühmte Chef Gennaro Esposito allerbeste Mittelmeerküche auf. *So-Abend und Mo geschl., Via Torretta 9, Tel. 08 18 02 85 55,* €€€

EINKAUFEN

Im Gassengewirr der Altstadt wimmelt es von Läden mit Schmuck, Gemmen, Korallenarbeiten, Kleinantiquitäten, bestickter Tischwäsche und Lederwaren. In dem für den Verkehr gesperrten Zentrum können Sie abends ungestört shoppen gehen.

ÜBERNACHTEN

Bellevue Syrene
Ein traumhaft gelegenes Hotel und Restaurant mit viel Stil, blumenumrankten Terrassen für den Aperitif und Aufzug zum eigenen Strand. *73 Zi., Piazza della Vittoria 5, Tel. 08 18 78 10 24, Fax 08 18 78 39 63, www.bellevue.it,* €€€

Il Faro
Zentral beim Hafen von Marina Piccola, nettes Hotel mit tollem Blick und dem guten Restaurant *La Vela Bianca,* ideal für Gäste ohne Auto. *50 Zi., Marina Piccola 5, Tel. 08 18 78 13 90, Fax 08 18 07 31 44, www.hotelilfaro.com,* €€

B & B Mami Camilla
Für kleinere Portemonnaies: Zimmer in ländlichem Garten im Ortsteil Sant'Agnello und im Zentrum Sorrents bei einer kochbegeisterten Familie. Auch Kochkurse. *10 Zi., Via Cocumella 4, Tel. 08 18 78 20 67, Fax 08 15 32 48 05, www.mamicamilla.com,* €

Über die zentrale Piazza Tasso kurvt man am elegantesten mit dem Roller

Villaggio Verde
Gepflegte Bungalows in einer Zitrusplantage relativ nah zum Zentrum. Restaurant und Kleinbusservice zu den Badeanstalten an der Marina Grande. *Via Cesarano 12, Tel. 08 18 07 32 58, Fax 08 18 07 30 28, www.villaggioverde.it,* €–€€

AM ABEND

Man trifft sich auf der zentralen Piazza Torquato Tasso; der Bummel führt über den Corso Italia und durch die angrenzenden Gassen voller sommers bis in die Nacht geöffneter Geschäfte. Wer Lust auf eine Tarantellashow hat, der ist im *Fauno Notte Club* an der Piazza Tasso richtig. Ein ambitionierter Musikclub, zu dem man auch aus Neapel anreist, ist *Artis Domus (Via San Nicola 56)* in einer alten Villa. Zur Stärkung geht es zwischendurch in die Konditorei *La Primavera (Corso Italia 142).*

STRÄNDE

Die Meereszugänge, kleine, grausandige Strände und Klippenstege, liegen am Fuß des Felsplateaus; man erreicht sie über steile Treppen- und Serpentinenwege. Die Hotels, die den Klippenrad säumen, haben Aufzüge, oder man nimmt den öffentlichen an der Villa Comunale. Am nettesten ist es an der Marina Grande mit bunter Fischersiedlung. Schöne Küstenstreifen mit

Meerzugang und Resten antiker römischer Badevillen befinden sich Richtung Punta del Capo und an der Marina di Puolo.

AUSKUNFT

Via Luigi De Maio 35, Tel. 08 18 07 40 33, Fax 08 18 77 33 97, www.sorrentotourism.com, www.sorrentotour.it

ZIELE IN DER UMGEBUNG

Monte Faito [118 C5]

1131 m ist der Berg hoch, mit dem die Halbinsel rund 20 km vor Sorrent beginnt. Wanderungen oder eine Fahrt durch Wälder (von Castellammare oder Vico Equense) führen hinauf zum Belvedere mit großartigem Weitblick. Von Castellammare di Stabia aus bringt Sie eine in den Sommermonaten verkehrende Seilbahn auf den Gipfel.

Punta Campanella/ Marina del Cantone [118 B6]

Die 14 km entfernte äußerste Spitze der Sorrentinischen Halbinsel mit wilden Felsformationen und einem Leuchtturm erreichen Sie von *Termini* (herrlicher Weitblick auf die Kapspitze, Capri und den gesamten Golf) aus über einen Wanderweg (ein rund dreistündiger Spaziergang). Von hier aus erscheint Capri zum Greifen nah. Dank der reichen Meeresfauna und -flora ist die Punta Campanella zur *Area Naturale Marina,* zum Meeresschutzgebiet, erklärt worden. Einen schönen Strand besitzt die *Marina di Ieranto.* Richtung Nerano gelangen Sie in der Fischersiedlung *Marina del Cantone* zur *Taverna del Capitano (Mo/Di geschl., Tel. 08 18 08 10 28, www.tavernadelcapitano.it, €€€)* direkt am Meer. Die Taverna, ein Familienbetrieb mit einer von Gourmetexperten gelobten Küche, hat auch zehn Zimmer (€€). Eine weitere erstklassige Schlemmeradresse in Marina del Cantone ist das elegante *Quattro Passi (Di-Abend und Mi geschl., Via Vespucci 13, Tel. 08 18 08 12 71, auch 4 Zi., www.ristorantequattropassi.com, €€€).*

Sant'Agata sui Due Golfi [118 B5]

Oberhalb von Sorrent eine Gourmettour mit Aussicht: Der 9 km von Sorrent entfernte Ort (3000 Ew.) – zu erreichen über eine schöne Panoramastraße (SS 145) – blickt auf beide Golfe zugleich, den von Neapel und den von Salerno, und beherbergt das vielleicht beste Restaurant Süditaliens: die kleine, sehr feine ★ *Locanda Don Alfonso 1890 (Mo/Di geschl., Corso Sant'Agata 11, Tel. 08 18 78 00 26, www.donalfonso1890.com, €€€).* Ein paar Schritte weiter geht es ins »normale« *Lo Stuzzichino (Mi geschl., Via Deserto 1 a, Tel. 08 15 33 00 10, www.ristorantelostuzzichino.it, €),* in dem man angenehm sitzt und gut speist. Eine tolle Aussicht hat das gepflegte Apartmenthotel *Residence Le Terrazze (16 Apartments, Via Nastro Verde 98, Tel. 08 18 78 09 06, Fax 08 18 08 52 04, www.residenceleterrazze.it, €–€€).*

Unterhalb von Sant'Agata geht es über Torca zur beschaulichen, kleinen Fischerbucht *Marina di Crapolla.* Weiter an der SS 145 in *Colli di Fontanelle* liegt die gute Trattoria *Stelluccia (Mi geschl., Via Nastro Azzurro 19, Tel. 08 18 08 35 25, €).*

Antike Tempel und traumhafte Badebuchten

Zu Gast bei griechischen Göttern, mit dem Boot zu geheimnisvollen Grotten und ein Besuch bei den Wasserbüffeln

Im Anschluss an die weite Ebene von Paestum mit ihren griechischen Tempeln und den schwarzen Mozzarellabüffeln schiebt sich eine bewaldete Hügel- und Berglandschaft ins Meer vor, rund 50 km breit bis zum Golf von Policastro. In die Felsküste haben Meer, Wind und Flüsse weit herausragende Kaps, Grotten, Steinbögen sowie Strände mit feinem Sand geschliffen, dazu kommt glasklares Wasser, in dem es sich so gut wie sonst nur vor Inseln tauchen lässt. Heute schippern die Fischer die Feriengäste zu den Badebuchten. Ferienwohnungen und Hotels stehen bereit, und im Schatten von uralten Olivenbäumen liegen die Bungalows der Feriendörfer und zahllose Campingplätze versteckt. Da kann es in der Hochsaison – vor allem im August – mit Schwärmen von knatternden Motorrollern recht voll werden. Eine Alternative sind Ferienwohnungen auf Bauernhöfen im Hinterland.

Seit mehr als zweieinhalb Jahrtausenden trotzt der Hera-Tempel in Paestum dem Zahn der Zeit

Cilento: perfekte Symbiose von Strandleben und ländlichem Italien

Denn das ganze Jahr über beeindrucken das an Festen reiche Lokalleben, das gute Essen – berühmt ist das exzellente Olivenöl – und die Natur.

1995 wurde der Cilento – seine Küste und das bergige Hinterland, das mit der Bergkette Monti Alburni und dem Monte Cervati Gipfelhöhen von 1898 m erreicht – zum Nationalpark erklärt, mit 1810 km^2 immerhin zweitgrößter Italiens nach dem Pollinomassiv in der Basilikata. Außerdem steht der Nationalpark mit seinen Kulturschätzen wie den antiken Ruinenstätten Paestum und Velia und der grandiosen Barockkartause San Lorenzo in

Padula seit 1998 auf der Liste des Unesco-Welterbes.

Auskunft und Material zum Naturpark Cilento und was Sie hier alles an Wanderungen und Ausflügen unternehmen können, bekommen Sie in den lokalen Fremdenverkehrsämtern *(Pro Loco)* und im Hauptsitz der Parkverwaltung im Ort *Vallo della Lucania: Ente Parco Nazionale del Cilento e Vallo di Diano, Via Palumbo 16 (Palazzo Mainenti), Tel. 09 74 71 99 11, Fax 097 47 19 92 17, www.pncvd.it.*

CASTELLABATE

[120 B6] An der Nordspitze des Cilento gelegen, setzt sich die Gemeinde (7500 Ew.) aus drei Ortsteilen zusammen: Auf einer Hügelkuppe (356 m) drängt sich das alte Castellabate, in dessen beschaulichem Kern die Feriengäste von der Küste an Sommerabenden kühle Zuflucht suchen. Oder man wohnt Insider Tipp (und isst sehr gut) gleich hier oben im mittelalterlichen *Palazzo La Mola (5 Zi., Via Cilento 2, Tel. 09 74 96 70 53, Fax 09 74 96 77 14, www.lamola-it.com, €€),* in dem Sie auch Bootstouren entlang der Küste buchen können. Die beiden anderen Gemeindeteile, *Santa Maria di Castellabate* und *San Marco,* liegen mit ihren Fischerhäfen unten am Meer, an den Sandstränden der Bucht hin zur traumhaft schönen Landspitze *Punta Licosa* im Süden.

Im Zentrum Santa Marias am sandigen Strandhafen trifft man sich abends zum Bummel unter dem alten trutzigen Palazzo der Adelsfamilie Perrotti. Sie besitzt auch den Gutshof *Podere Annunziata* 2 km landeinwärts von San Marco inmitten dichter Olivenplantagen mit fünf rustikalen, gepflegten Ferienwohnungen sowie drei weitere, herrlich am Meer auf der Landzunge Punta Licosa gelegene Ferienwohnungen *(Agriturismo Tommaso Perrotti, Lungomare Perrotti 2/12, Santa Maria di Castellabate, Tel. 09 74 96 11 37, www.agriturismoperrotti.it, €–€€).*

Oder Sie wohnen im Zentrum Santa Marias direkt am Strand im ansprechend renovierten Hotel *New Sonia (mit Restaurant, 33 Zi., Via Landi 25, Tel./Fax 09 74 96 11 72, www.hotelsonia.it, €€).* Besonders gut isst man in der gepflegten *La Taverna del Pescatore (Mo und im Winter geschl., Via Lamia, Tel. 09 74 96 82 93, €€).* Direkt am Meer liegt der schöne, nicht zu große, angenehm geführte Campingplatz *Trezene* mit Sport- und Ausflugsangeboten *(Tel. 09 74 96 50 27, Fax 09 74 96 50 13, www.trezene.it, €).* Als aufregendste Diskothek der Gegend gilt *D & D* unter freiem Himmel im Ortsteil *Alano* Richtung Agropoli. Eine Entdeckung voller hübscher Details ist das romantische Landhotel *Giacaranda (8 Zi., 2 Apartments, Contrada Cenito, Tel. 09 74 96 61 30, Fax 09 74 96 68 00, www.giacaranda.it, €€€)* beim benachbarten San Marco, das auch Kochkurse anbietet.

ZIELE IN DER UMGEBUNG

Küstenorte

Jeder Ort an der Küste hat seinen eigenen Charakter: Städtisch-chaotisch präsentiert sich *Agropoli* **[120 B5]**, doch besitzt es eine verwinkelte, lebendig Altstadt und Strände, allen voran, 2 km südlich, die beliebte

Strandbucht *Baia di Trentova*. Mitten im Ort können Sie im gepflegten Traditionshotel *Carola (40 Zi., Via Carlo Pisacane 1, Tel. 09 74 82 64 22, Fax 09 74 82 64 25, www.hotelcarola.it, €)* gut wohnen und speisen. Überhaupt essen Sie in Agropoli richtig gut: wunderbar die Käseauswahl, allen voran der sahnige Büffelmozzarella, im *La Veranda (Mo, Juli/Aug. auch mittags geschl., Via Piave 38, Tel. 09 74 82 22 72, €–€€)* oder die köstlichen gefüllten Tintenfische im rustikal-eleganten Feinschmeckerrestaurant *Il Ceppo (Di geschl., Via Madonna del Carmine 31, Tel. 09 74 84 30 44, Fax 09 74 84 32 34, www.hotelristoranteilceppo.com, €€)* am Ortsrand mit kleinem, nettem Hotel *(20 Zi., €)* gegenüber. Magnet für sommerheiße Diskonächte mit herrlichem Panorama über das Meer ist *New Carrube* vor den Toren Agropolis.

Insider Tipp: Nach der Landspitze Punta Licosa folgt *Acciaroli* **[122 A4]** mit stattlichen Steinhäusern direkt am Meer und am Hafen, der sich im Sommer mit den Yachten betuchter Neapolitaner füllt. Ernest Hemingway soll hier logiert haben. Oberhalb von Acciaroli geht es nach *Pollica* mit phantastischer Fernsicht auf die Cilentoküste. Ein kulinarischer Tipp in den Hügeln ca. 12 km landeinwärts in *San Mauro Cilento* ist *Al Frantoio (im Sommer tgl., sonst Mo–Fr geschl., Ortsteil Ortale, Tel. 09 74 90 32 43, €)* der *Cooperativa Nuova Cilento*, die eines der besten Bioolivenöle Italiens produziert *(www.cilentoverde.com)*.

Weiter an der Küste folgt das dörfliche *Pioppi* mit Kiesstrand und Klippen. Der *Palazzo Vinciprova (Juni bis Mitte Sept. Mi–Mo 9.30–12.30 und 18–22, Mitte Sept.–Mai 9.30 bis 12.30 und 15–19 Uhr, Via Caracciolo 146)* aus dem 17. Jh. beherbergt ein Meeresmuseum und eine Ausstellung zur Mittelmeerküche. Bestechend ist die Lage direkt am Strand des Familienhotels *La Vela (50 Zi., Via Caracciolo 96, Tel. 09 74 90 50 25, Fax 09 74 90 51 40, www.lavelapioppi.com, €–€€)*.

MARCO POLO Highlights »Paestum & Nationalpark Cilento«

★ **Punta Licosa**
Eine mythische Landschaft bei Castellabate (Seite 82)

★ **Steilküste von Marina di Camerota**
Traumhafte Badebuchten und Grotten an felsiger Küste (Seite 82)

★ **Certosa di San Lorenzo**
Großartige Klosterarchitektur nahe Padula (Seite 88)

★ **Grotta di Castelcivita**
Eine der vielen spektakulären Höhlen im Karst des Cilento (Seite 86)

★ **Paestum**
Die besterhaltenen Tempel der Griechen (Seite 84)

★ **Bootstouren**
Zu phantastischen Meeresgrotten mit Grillpicknick am Strand (Seite 87)

Punta Licosa **[120 B6]**
★ Leucosia, eine der drei Sirenen, wartete auf dieser bergigen, mit grüner Macchia bedeckten Landspitze mit der winzigen, vorgelagerten Isola Licosa auf Odysseus. Landschaftlich wunderschön laufen die Anhöhen zum Meer hin in Felder und Olivenhaine aus, eine bäuerliche und zugleich naturwilde Landschaft zum Wandern. Taucher und Schnorchler hingegen schätzen die felsige Küste.

In *Ogliastro Marina* gibt es ein paar kleine Hotels direkt am Meer mit sehr ordentlichen Zimmern und besonders schmackhafter Lokalküche, so *Il Cefalo (8 Zi., Tel./Fax 09 74 96 30 19, ilcefalo@tiscali.it, €)* und *Da Carmine (13 Zi., Via Provinciale, Tel. 09 74 96 30 23, www.albergodacarmine.it, €–€€)*. Von Ogliastro geht es durch einen Pinienhain an den Strand der Landspitze.

Marina di Camerota

[123 D6] Die Straße von Palinuro bohrt sich durch Felsvorsprünge, flankiert helle, freie Strände mit feinem Sand, während landeinwärts die bewaldeten Berge ansteigen. Vor Marina di Camerota (2300 Ew.), zusammen mit Palinuro das Ferienzentrum des südlichen Cilento, werden die Campingplätze und Feriendörfer im Schatten von Olivenbäumen und Pinien immer zahlreicher. Zu den Naturschönheiten, die die Gegend berühmt gemacht haben, zählt die ★ *Steilküste von Marina di Camerota* zwischen den Landspitzen *Punta degli Infreschi* im Süden und *Capo Palinuro* bei Palinuro mit ihren in den Stein gegrabenen Buchten wie *Baia degli Infreschi, Cala Monte di Luna, Cala Bianca, Cala del Cefalo* sowie zahlreichen Grotten. Eine Grotte am *Mingardo*-Strand beherbergt die stimmungsvolle Sommerdisko *Il Ciclope*.

ESSEN & TRINKEN

La Cantina del Marchese
Man sitzt zwischen Fässern köstlichen Weins und lässt sich Salami, Schinken und Käse aus den Bergen schmecken. Am Wochenende Gerichte lokaler Küche, wie man sie sonst kaum mehr serviert bekommt. *Mittags und im Winter Mo bis Fr geschl., Via del Marchese 15, Tel. 09 74 93 25 70, €*

Niki da Brera
Ein lebendiges Lokal (auch Hotel) mit schmackhafter Lokalküche, Pizza und guter Stimmung. Im Sommer immer offen. *Via Sant'Alfonso 29, Tel. 09 74 93 90 86, €*

ÜBERNACHTEN

Bei der Vermittlung von Ferienwohnungen hilft das Reisebüro *Agenzia Infante Viaggi e Turismo (Via Nazario Sauro 63, Tel. 09 74 93 29 38, Fax 09 74 93 91 11, www.agenziainfanteviaggi.it)*.

Calanca
Sympathische Familienpension mit gutem Essen, zentral und direkt am Meer beim schönen Sandstrand Calanca. Ganzjährig geöffnet. *20 Zi., Via L. Mazzeo 60, Tel. 09 74 93 21 28, Fax 09 74 37 98 68, www.hotelcalanca.com, €*

Delfino
Ein gepflegtes, kleines Ferienhotel in zentraler Lage, engagierte Wirtsfamilie, die Ausflüge zu Land und Wasser (auch Tauchen) anbietet, ganzjährig offen. *22 Zi., Via Bolivar 55, Tel. 09 74 93 22 39, Fax 09 74 93 29 79, www.albergodelfino.com,* €

Happy Village
Das größte, bestausgestattete (Segel-, Tauch- und Surfunterricht) und vielleicht auch schönste Feriendorf (Hüttenbungalows) in altem Olivenhain an einer hübschen Badebucht. *Cala d'Arconte, Tel. 09 74 93 23 26, Fax 09 74 93 27 69, www.happyvillage.it,* €€–€€€

FREIZEIT & SPORT

Auf alten Maultierpfaden führen Wanderungen in die Berge und Wälder im Hinterland, durch die reiche Flora des Cilento, zu der die nur hier im März/April vorkommende *primula palinuri* gehört, eine einzigartige Primelart und Symbol des Nationalparks. Oder man wandert über die Felsküste mit ihrem einmaligen Panorama. Ausflugsboote bringen Sie zu den in wunderbaren Farben schillernden Meeresgrotten. Lassen Sie sich von Nationalparkführer Giacomo Ciociano begleiten, der schöne, kenntnisreiche Touren anbietet: *Assitur (Via Bolivar 17, Tel./Fax 09 74 93 27 98, www.assitur.com).*
Bootstouren zu den Meeresgrotten und Ausfahrten mit Fischgrillen am Strand, tagsüber oder – besonders stimmungsvoll – nachts, organisiert die Fischergenossenschaft *Cooperativa Cilento-Mare* am Hafen *(Tel. 09 74 93 29 78, www.cilentomare.com).* Bei Tauchern beliebt sind die Unterwassergrotten: *Diving Center (beim Strand Calanca und im Sommer im Feriendorf Villaggio Black Marlin am Strand*

Steilküste bei Marina di Camerota: Urlaub am Meer-Busen der Natur

Mingardo, Handy 33 31 52 10 15, www.divingcamerota.it). Die lokalen Tourismusagenturen, viele Hotels und Feriendörfer bieten Ausflüge nach Paestum, Velia und Padula an.

AUSKUNFT

Via Porto 27 (am Hafen), Tel. 09 74 93 29 00 (Ostern–Sept.), 09 74 93 21 45 (Okt.–Ostern)

ZIELE IN DER UMGEBUNG

Camerota **[123 D6]**
Die alte Siedlung im Landesinnern (10 km) liegt malerisch auf einer Bergkuppe. Im Sommer findet hier jeden Mittwochabend *(18–24 Uhr)* ein *Handwerkermarkt* statt mit typischen Produkten der Gegend wie Tonkrügen, Körben, Geschnitztem aus dem Holz von Oliven- und Johannisbrotbaum. Eine rustikale Pizzeria-Trattoria mit tollem Ausblick ist das *Al Castello (Mo geschl., Piazza Castello, Tel. 09 74 93 50 09, €).*

Sapri **[123 F5]**
Mehrere Gründe gibt es für den Ausflug in den sympathischen, 36 km entfernten Küstenort (7500 Ew.): die mit Blüten bedeckten Straßen zu Fronleichnam, gute Strände mit sauberem Wasser sowie kampanische Bauernküche an der zentralen Piazza Plebiscito: *'A Cantina i Mustazzo (Mi geschl., Tel. 09 73 60 40 10, €)* und *Cantina r'u Ranco (Mo geschl., Tel. 09 73 60 37 06, €).* Sapri liegt am Golf von Policastro an der Grenze zur Region Basilikata, die hier mit der Küste von Maratea beginnt, einem weiteren, besonders reizvollen Küstenflecken Süditaliens. Auf dem Weg nach Sapri, einer schönen Tour mit herrlichen Ausblicken auf die Berge der Basilkata und Kalabriens, liegt das verträumte Küstendorf *Scario* mit seiner hübschen Dorfkirche auf der Piazza und einer einladenden Meerespromenade. Insider Tipp

PAESTUM

[120 B4] ★ Nachts im Scheinwerferlicht wirken die Tempel in ihrer Perfektion wie die Kulisse eines Hollywoodschinkens, doch bei Tageslicht stört so manches Absperrgitter. Was man im 18. Jh. aus wuchernder Vegetation herauszuschälen begann, entpuppte sich als Zentrum einer großen Stadt griechischer Gründung (6. Jh. v. Chr.) und römischer Kolonisierung (3. Jh. v. Chr.): drei gewaltige, erstaunlich gut erhaltene Tempel (Hera-Heiligtum), Reste des Amphitheaters, der Agora (des griechischen Versammlungsplatzes) und des Forums (des römischen Versammlungsplatzes) sowie dicke Festungsmauern, die einzigen, die aus dem 5. Jh. v. Chr. überhaupt erhalten sind. Noch im frühen Mittelalter war die Stadt bewohnt, bis man sie auf Grund von Versumpfung und Malaria aufgab. Planen Sie bei Ihrem Ausflug zu den Tempeln von Paestum einen kulinarischen Höhepunkt ein, denn es gibt hier ein paar lohnende Schlemmeradressen.

SEHENSWERTES

Tempel
Von den drei Tempeln im dorischen Stil, die man sich einst bunt angemalt und mit Steinmetzverzierungen vorstellen muss, ist der schönste

Tomba del tuffatore: symbolträchtige Sarkophagplatte in Paestum

und besterhaltene der so genannte *Tempio di Nettuno*. In der gewaltigen Basilika zur Linken wurde Hera verehrt, die bewaffnet über Geburt und Wachstum der Menschen wachte. Unter den Römern bekam sie ein neues Dach und einen neuen Kult, den der Juno, der römischen Entsprechung der griechischen Hera. Und der letzte, nördliche Tempel galt Athene, wie beim Tempel gefundene Votivfigürchen mit Helm und Schild bezeugen. Von den weitläufigen Wohnsiedlungen im Westen der Anlage ist das meiste noch längst nicht ausgegraben. *Tgl. 9 Uhr–2 Std. vor Sonnenuntergang*

MUSEUM

Museo Archeologico Nazionale
Das sehenswerte Museum jenseits der Straße zeigt, was die Tempelstadt einst schmückte: Steinreliefs, Terrakottastatuen von Lukanern, der italischen Lokalbevölkerung, bemalte Grabplatten (4. Jh. v. Chr.). Die Griechen hingegen schienen nicht zu malen. Bis man 1968 ein griechisches Grab mit bunt bemalten Sarkophagplatten aushob, ein sensationeller Fund: die *tomba del tuffatore*, auf deren Steindeckelgemälde ein Mann von einem Turm in ein Schwimmbad springt, der symbolische Sprung vom Leben in den Tod, heute das allgegenwärtige Logo Paestums. *Tgl. 9–18.30 Uhr, am 1. und 3. Mo im Monat geschl., Via Magna Grecia 167*

ESSEN & TRINKEN

Nonna Sceppa
Gefüllte Artischocken, Deftiges vom Schwein, Kichererbsen und Meeresschnecken: beste Traditionsküche in diesem großen, lebhaften Lokal nahe den Tempeln. *Do und im Winter abends geschl., Contrada Laura 53, Tel. 08 28 85 10 64,* €€

La Pergola
Probieren Sie die Kürbiscreme mit Meeresfrüchten und vieles mehr.

An der Straße der Tempel, 3 km Richtung Capaccio Scalo. Eine angenehme Oase mit Sommergarten. *Mo geschl., Via Magna Grecia 1, Tel. 08 28 72 33 77, €€*

Insider Tipp **Tenuta Seliano**
Unweit der Tempel bei Capaccio liegt dieses geschmackvolle Landgut (auch 14 Zimmer) mit ausgezeichneter Lokalküche auf Bestellung – lohnend auch für einen längeren Aufenthalt. *Tel. 08 28 72 36 34, Fax 08 28 72 45 44, www.agriturismoseliano.it, €–€€*

EINKAUFEN

Die Ebene von Paestum ist das Herzland des sahnigen, flockigen Büffelmozzarellas. In Gehegen mit Tümpeln sieht man die großen, schwarzen Wasserbüffelkühe. Überall längs der Staatsstraße 18 Richtung Battipaglia gibt es Verkaufsstellen wie die Käserei Insider Tipp *Caseificio Vannulo,* ein Biobetrieb mit Joghurtbar *(Via Galileo Galilei 10, Capaccio Scalo, Tel. 08 28 72 47 65, www.vannulo.it).*

ÜBERNACHTEN

Schuhmann
Ein elegantes Strandhotel mit eigenem Strand, umgeben von einem Pinienwald. *53 Zi., Ortsteil Laura, Via Laura Mare 1, Tel. 08 28 85 11 51, Fax 08 28 85 11 83, www.hotelschuhmann.com, €€–€€€*

Villa Rita
100 m zur antiken Stadt ein sorgfältig eingerichtetes, kleines Hotel mit Pool im Grünen. *14 Zi., Tel. 08 28 81 10 81, Fax 08 28 72 25 55, www.hotelvillarita.it, €*

ZIELE IN DER UMGEBUNG

Capaccio Vecchio **[120 C4]**
Eine 7 km entfernte Ruinensiedlung auf einem Felsen mit der Wallfahrtskirche *Madonna del Granato* (herrlicher Rundblick). Ein Granatapfel war auch das Fruchtbarkeitssymbol der griechischen Göttin Hera.

Grotta di Castelcivita **[121 D3]**
★ Im Karst der Monti Alburni bei Castelcivita 25 km im Landesinneren tut sich tief im Tal des Calore diese spektakuläre Tropfsteinhöhle auf, mit 4 km Tiefe die wohl größte und abwechslungsreichste der vielen Höhlen im Cilento. *Führungen Mitte März–Sept. tgl. 10, 11, 12, 13, 14.30, 15.30, 16.30, 17.30, 18.30 Uhr, Okt.–Mitte März tgl. 10, 11.30, 13.30, 15, 16.30 Uhr, www.grottedicastelcivita.it*

PALINURO

[122 C6] Palinuro hieß der Steuermann des Äneas, und hier am Kap, in reißender Brandung und zerrenden Winden, ging er zu Grunde, Vergil beschreibt es im Epos Äneis. Der Mythos greift reale Gegebenheiten auf: Tatsächlich müssen die Winde um das Kap den Seefahrern aller Zeiten zu schaffen gemacht haben. Von einem bedeutenden, über 2000 Jahre alten Stützpunkt, zeitgleich zur großen Griechenstadt Velia, zeugen die Siedlungsreste von La Molpa im Süden des Kaps auf der felsigen, steilen Anhöhe (hier auch Ruine eines mittelalterlichen Kastells). Eine schöne Wanderung führt hinauf, die allein wegen des atemraubenden Weitblicks lohnt. Velia und La Molpa sind untergegangen, Palinuro (1800 Ew.) dagegen ist heute ein quirliges Sommerferienzentrum. Um Palinuro und Capo Palinuro findet man herrliche Strände: etwa *Baia del Buondormire, Spiaggia della Marinella* oder die *Cala del Cefalo.*

ESSEN & TRINKEN

Azienda Agrituristica Isca delle Donne

Bauernküche des Cilento mit viel selbst Erzeugtem: Gemüse, Salami, Käse, Honig, Wein und Olivenöl. Man sitzt hübsch ländlich. Auch drei Ferienwohnungen und viele Tiere (Pferde zum Ausreiten). *Juni–Sept. tgl., sonst Sa/So, Centola-Palinuro, Tel. 09 74 93 18 26, www.iscadelledonne.com,* €

Azienda Agrituristica Sant'Agata

Bauernhof in den Bergen in herrlicher Panoramalage. Schmackhafte Küche (im Sommer, nur auf Bestellung) vom Hof, aus Wald und Meer, dazu sieben Zimmer und zwei Cottages. *Contrada Sant'Agata, Tel./Fax 09 74 93 17 16, agriturismoderosa@libero.it,* €

Da Carmelo

Das Traditionsrestaurant Palinuros. Im gleichen Haus geschmackvolle Ferienwohnungen. *Mo geschl., Ortsteil Isca delle Donne, Tel./Fax 09 74 93 11 38,* €€

EINKAUFEN

Den berühmten Cilentohonig aus Baumerdbeeren gibt es im nahen *San Mauro la Bruca: Azienda Agricola Prisco (auch Hotel mit 6 Zi., Contrada Valle degli Elci, Tel. 09 74 97 41 53, www.agriturismo.it/AziendaAgricolaBiologicaPrisco).*

ÜBERNACHTEN

Arco Naturale Club

Hotel, Bungalows und Camping in einem riesigen, schönen Olivenhain am Meer beim Felsbogen Arco Naturale. Mit Tauchschule. *Spiaggia Mingardo, Tel. 09 74 93 11 57, Fax 09 74 93 19 75, www.arconaturaleclub.it,* €€

Azienda Agrituristica Forno Antico

Immer mehr Bauernhöfe bieten Ferienzimmer im ländlichen Cilento an, etwa dieses Gut bei San Mauro la Bruca mit Pool, Tennis, Mountainbikes und Pferden. *25 Zi., Tel. 09 74 97 42 03, www.ilfornoantico.it,* €€

King's Residence Hotel

In Stufenbau auf der Anhöhe über der besonders schönen Badebucht Baia del Buondormire. *31 Zi. und 36 Zi. in Häuschen, Ortsteil Piano Faracchio, Tel. 09 74 93 13 24, Fax 09 74 93 14 18, www.hotelkings.it,* €€–€€€

Villaggio degli Olivi

Weiße Bungalows im maurischen Stil zwischen Oleander, Bougainvillea und Olivenbäumen; Tauchkurse, Sand- und Felsstrand. *Okt.–Mai geschl., Corso Pisacane 171, Tel. 09 74 93 85 01, Fax 09 74 93 81 55, www.villaggiodegliolivi.it,* €€

FREIZEIT & SPORT

Bootstouren

★ Bootsverleih, Bootsausflüge zu Badebuchten in herrlichen Felssze-

Limoncello

Ein Rezept, wie Sie sich den Geschmack des Südens zu Hause auf den Tisch zaubern

Wer Heimweh bekommt nach der »Göttlichen Küste«, kann sich den Zitronenlikör *limoncello* bzw. *limoncino* zu Hause selber machen, das ist ganz einfach und hilft bei Sehnsuchtsanfällen (und vollem Magen): Die gelbe, in schmale Streifen geschnittene Schale von zehn unbehandelten Zitronen wird fünf Tage lang in einen Liter Alkohol gelegt; dann ein Kilo Zucker in einem Liter Wasser aufkochen, abkühlen lassen und zu Schale und Alkohol gießen, alles gut durchschütteln, filtern, in Flaschen gießen und ins Gefrierfach legen. Der Likör kann sofort und muss eiskalt getrunken werden.

narien, zu denen man nur vom Meer gelangt, sowie zu den spektakulären Grotten – blau, silbern, blutrot – im Kalkfelsen des Kaps von Palinuro und zu den schönsten Stränden oder eine nächtliche Tour mit Grillfest am Strand organisiert *Cooperativa Palinuro Porto (Via del Porto 19, Tel. 09 74 93 82 94, www.palinurocoop.com).*

AUSKUNFT

Mai–Sept., Piazza Virgilio, Tel. 09 74 93 81 44. Hier Adressen von Kooperativen, die Wanderungen und Touren veranstalten. Vermittlung von Unterkünften sowie organisierte Touren zu den Sehenswürdigkeiten im Hinterland: *Cilento Viaggi, Via Acqua dell'Olmo 248, Tel. 09 74 93 13 62, Fax 09 74 93 15 77, www.cilentoviaggi.com*

ZIELE IN DER UMGEBUNG

Certosa di San Lorenzo, Teggiano und Grotta di Pertosa

Kurve um Kurve geht es ins Bergland hinein, bis sich die Straße zu strecken beginnt und schließlich nach rund 60 km in den *Vallo di Diano* einmündet, eine weite, von Bergen gefasste Ebene voller Felder, die der Fluss Tanagro durchzieht. Beim Kleinstädtchen *Padula* **[123 F2]** liegt die 1300 gegründete ★ *Certosa di San Lorenzo,* die größte Kartause Italiens. Im 17. Jh. bekam sie ihre Weitläufigkeit in elegantem Barock: Fresken und Holz- und Perlmuttintarsien schmücken Kapellen und Kirchen, Majolika die einladende Küche. Im Ersten und Zweiten Weltkrieg wurde das Kloster Gefangenen- und Konzentrationslager. Anfang der 1980er-Jahre begann seine sorgfältige Instandsetzung. Heute besuchen jährlich 350 000 Menschen die Anlage. In ihren Gemäuern *(tgl. 9 bis 19.30 Uhr)* ist auch das *Museo Archeologico (Di–Sa 9–13.30 und 14–15.30 Uhr)* mit Funden aus dem Cilento untergebracht. Im Sommer finden hier Theateraufführungen und Konzerte statt. In der Kartause residiert zudem das Informationszentrum zum Naturschutzgebiet *Vallo di Diano (Comunità Montana*

Vallo di Diano, Tel. 09 75 57 71 11) – der einzigen Gegend Italiens, in der der Fischotter überlebt hat –, das auch Wander- und Tourenvorschläge macht. Vor den Toren des Klosters bekommen Sie in der einfachen Trattoria *Do'Giulino* zartes gegrilltes Lamm und einen wunderbar satten, schwarzroten Landwein *(Fr geschl., Viale Certosa, Tel. 097 57 73 35, €)*.

Weiter gen Nordwesten geht es in das reizvolle alte Städtchen *Teggiano* **[123 E2]** mit restauriertem Kastell und dem neu eingerichteten, interessanten Naturkundemuseum *Museo delle Erbe (Mi/Do 9–13, Fr 15–19, Sa/So 9–13 und 15–19 Uhr, Via Santissima Pietà)*. Fragen Sie hier auch nach dem dazugehörigen Bauernmuseum. Über das 20 km weiter nördlich gelegene Polla gelangen Sie zur Insider Tipp *Grotta di Pertosa* **[121 F2]**, einer weiteren spektakulären Tropfsteinhöhle. Ein unterirdischer Fluss grub sie. Per Boot geht es hinein in die bizarre Zauberwelt *(April–Sept. tgl. 9–19, Okt.–März 9–16 Uhr)*.

Insider Tipp Pisciotta **[122 C5]**

Noch malerischer wäre der Weiler auf einer Bergkuppe am Meer ohne die Straßenbetonpfeiler, doch in der autofreien Altstadt können Sie in drei geschmackvollen Ferienwohnungen mit herrlichen Ausblicken wohnen: *Casa Pixos (Via Canto del Gelso 22, Tel. 09 74 97 37 92, Fax 09 74 97 36 47, casapixos@tiscali.it, €€)*. In der Umgebung liegen auch einige Bauernhöfe mit gutem Essen und Ferienunterkünften, z. B. *Principe di Vallescura (8 Zi., 1 Apartment, Ortsteil Vallescura, Via Marina Campagna, Tel. 09 74 97 30 87, Fax 09 74 97 30 31, www.principedivallescura.com, €)* oder auch die *Locanda del Fiume (14 Zi., Via Fiori, Tel./Fax 09 74 97 38 76, www.amachina.it, €€)* in einer alten Mühle mit elegant-ländlichen Zimmern und Pool. Zu Ostern findet in Pisciotta eine besonders eindrucksvolle Karfreitagsprozession statt. Zum Ort gehören ein kleiner Bahnhof (für den Zug von Salerno) und eine Fischersiedlung am Meer, auf Sardellenfang *(alici)* spezialisiert. Diese bekommt man köstlich zubereitet im *Ristorante Angiolina (April–Okt. tgl., Via Passariello 2, Tel. 09 74 97 31 88, €)* am Meer.

San Severino di Centola **[122–123 C–D5]**

Ein 11 km entferntes Ausflugsziel für Romantiker: Das verlassene Geisterdorf thront über der Schlucht des Flusses Mingardo. Es erwacht einmal im Jahr zum Leben, zu Weihnachten, wenn die Nachfahren der einstigen Bewohner zurückkehren und hier in den Ruinen ein Krippenspiel ausrichten.

Velia **[122 B4–5]**

Jenseits von Ascea liegen die eindrucksvollen Ruinen von Velia: einst eine bedeutende griechische Hafenstadt und berühmt dank der Vorsokratiker Parmenides und Zenon, die hier im 5. Jh. v. Chr. ihre eleatische Philosophie entwickelten, nach der Denken und Sein einander entsprechen. Die weitläufige Ausgrabungsstätte mit Resten der Akropolis, Theater, Thermen, Wohnbauten und der *Porta Rosa*, dem einzigen perfekt erhaltenen griechischen Torbogen aus dem 4. Jh. v. Chr., umfasst ein doppelt so großes Gelände wie Paestum. *Tgl. 9 Uhr–1 Std. vor Sonnenuntergang*

Baudenkmäler und Bergeinsamkeit

Die Touren sind in der Karte auf dem hinteren Umschlag und im Reiseatlas ab Seite 116 grün markiert

1 UM CASERTA: ANTIKE MYTHEN UND NEUZEITLICHER PRUNK

Um Caserta und Capua, im nördlichen Hinterland Neapels in der so genannten Volturnoebene, liegt eines der geschichtsträchtigsten Gebiete Süditaliens mit faszinierenden Sehenswürdigkeiten. Zu einigen davon führt die hier vorgeschlagene Autoroute von knapp 60 km Länge. Ausgangs- und Endpunkt ist Capua (von Neapel in einer halben Stunde zu erreichen). Mit ausreichend Zeit für Besichtigungen sollten Sie einen vollen Tag einplanen.

Im Norden Neapels erstreckt sich die flache, ungemein fruchtbare Ebene des Flusses Volturno zwischen der Meeresküste und der eindrucksvollen Kulisse der karstigen Bergkegel des kampanischen Apennins. Hier siedelten und bekriegten sich Etrusker, Römer, Samniten, Langobarden und Normannen an strategischer Stelle für den Zugang zum Süden. Dank des Klimas und der Vulkanerde von jeher der Gemüsegarten Kampaniens, fasziniert auch heute noch die üppige, satte Vegetation, obschon sie an vielen Stellen von beispiellos hässlicher Zersiedlung beeinträchtigt wird.

Das sollte Sie nicht abschrecken, schon wegen der beeindruckenden Spuren der alten Kulturlandschaft, aber auch, weil es immer noch Oasen gibt, etwa den idyllischen Hain aus Apfelsinen- und Zitronenbäumen auf dem gepflegten Landgut der Familie Pasca di Magliano am Fluss Volturno bei Capua (1 km nordwestlich Richtung Brezza). Mit fünf Gästezimmern, fünf Apartments, gutem Essen, selbst gemachten Obst- und Gemüsekonserven und Schwimmbad ist es ein ideales Basisquartier *(Masseria Giò Sole, Capua, Via Giardini 31, Tel. 08 23 96 11 08, Fax 08 23 96 81 69, www.masseriagiosole.com, €–€€).*

Insider Tipp

In *Capua (S. 41)*, eine römische Gründung an der Via Appia und einst Hauptstadt eines langobardischen Fürstentums, heute eine lebhafte Kleinstadt mit barocken Fassaden im Kern, lohnt der Besuch des *Museo Campano* mit seiner ungewöhnlichen Sammlung vorrömi-

Zu Höhlen und in die Karstberge des Cilento führt eine lohnende Tour

scher Kunst- und Kultgegenstände. 4 km südöstlich liegt das noch ältere Capua etruskischer Gründung, heute *Santa Maria Capua Vetere* *(S. 41)*, in römischer Zeit eine der wichtigsten Städte ganz Italiens. In seinem gut erhaltenen *Amphitheater* gab es eine berühmte römische Gladiatorenschule.

Nach 6 km (alles gut ausgeschildert) erreicht man durch Siedlungsgewirr die Provinzhauptstadt *Caserta* (37 000 Ew.), die von der riesigen *Schlossanlage* der Bourbonen beherrscht wird. Die neapolitanischen Könige des 18. Jhs. träumten von einem »Versailles des Südens«, von arkadischer Natur und üppigen Jagdgründen. 1751 war es so weit: Bourbonenkönig Karl III. hatte beim alten Bischofssitz Caserta Vecchia den Flecken für seine »Reggia« ausgemacht. Von 1752 bis 1773 baute der berühmte italoflämische Baumeister Luigi Vanvitelli an dieser Alternative zum Stadtpalast in Neapel. Es entstand ein prunkvoller, überdimensionaler Fremdkörper, damals mitten in schlichtem, einsamem Bauernland, heute im geschäftigen Treiben des modernen Caserta. Auf seinen weitläufigen 44 000 m² Grundfläche mit den 1200 Räumen (darunter der in Gold ausgeschlagene Thronsaal) und dem enormen Treppenhaus mit seinem Perspektivenspiel verlieren sich 1,5 Mio. Besucher im Jahr. Heute nutzt das Militär einen Teil des Schlosses und der Parkanlage.

Neben den königlichen Wohnräumen in kalter, spätbarocker Pracht lohnen eine große, lebendige, typisch neapolitanische Krippe aus dem 18. Jh., die verklärenden Gemälde des deutschen Hofmalers Jacob Philipp Hackert und, auf Anfrage, die *Sammlung Terrae Motus:* Werke zeitgenössischer internationaler Künstler wie Jannis Kounellis, Joseph Beuys, Gilbert & George und vieler anderer zum Thema Erdbe-

Symmetrische Alleen und abgestufte Wasserfälle: Schlosspark in Caserta

ben in Süditalien 1980 *(Schloss Di–So 8.30–19 Uhr)*.

Hinter dem Schloss steigt die kilometerlange, schmale *Parkanlage (Di–So 8.30 Uhr–2 Std. vor Sonnenuntergang)* an, eine Folge von wohl geordneten Alleen und in großen Becken abgestuften Wasserkaskaden. Es wirkt, als schlüge sie eine »zivilisierte« Bresche in die wildwüchsigen Wälder und ersten rauen Berge im Norden Casertas. Im hinteren Teil des Parks überrascht der exotische, hochromantische englische Garten. Wer nicht laufen will, fährt mit Bussen, Fahrrädern oder Pferdekutschen durch den Park. Zur Parkanlage des Schlosses gehört auch der imposante Aquädukt vom Hofarchitekten Luigi Vanvitelli, der die Kaskadenterrassen mit Wasser aus den Bergen versorgt. Anschließend lohnt ein Abstecher nach *Maddaloni* im Südosten Casertas, wo man den gewaltigen, begehbaren Aquädukt *Valli di Maddaloni* vor sich sieht.

Zurück in Caserta geht es nordöstlich über eine gewundene Straße durch bäuerliche Landschaft die Anhöhen hinauf ins malerische *Caserta Vecchia,* ins alte Caserta (ca. 10 km), einen gut erhaltenen, mittelalterlichen Weiler langobardischer Gründung auf den ersten Berganhöhen mit tollem Blick auf die Ebene, den Vesuv und den Dunst oder die Lichter Neapels. Das Auftauchen der Bourbonen, die Errichtung des Schlosses und der Neustadt Caserta in der Ebene verursachten vor 200 Jahren den Niedergang des alten Caserta, das einst sogar Bischofssitz war. Heute ist Caserta Vecchia ein belebtes und beliebtes Ausflugsziel dank des *Doms* (1153) in arabisch-normannischer Romanik aus graubraunem Lavatuff mit wunderschönem Turm, dank der vielen netten Trattorien – z.B. auf dem Domplatz *Mastrangelo (Di geschl., Tel. 08 23 37 13 77, €–€€)* – und dank der Läden mit verspieltem Kunsthandwerk. In der ersten Septemberwoche verwandelt sich der Ort in einen Schauplatz von Tanz-, Theater- und Musikveranstaltungen.

Weiter durch die Berge führt ein gewundenes Sträßchen auf die SS 87, eine schöne Landschaftsstrecke zwischen Caserta und Sant'Angelo in Formis bzw. Capua. Hier stößt man auf *San Leucio,* die einst hochberühmte königliche *Seidenmanufaktur* mit ihrer frühindustriellen Reihensiedlung *Quartiere San Carlo* für eine Arbeiterschaft, die nach für damalige Zeiten liberalen Regeln organisiert war; ein Komplex, der zusammen mit der Reggia und dem Aquädukt 1997 in die Unescoliste der schützenswerten Weltkulturgüter aufgenommen worden ist. Im *Antico Opificio Serico De Negri* Insider Tipp *(Mo–Fr 9–12 und 15–18, Sa 9–12 Uhr, Piazza della Seta, www.aos.it)* werden noch immer an alten, handbetriebenen Webstühlen kostbare Stoffe gewebt. Vom Kastell *Belvedere San Leucio* hat man einen atemraubenden Blick über Caserta und die weite Ebene bis hin zum Golf. Ein recht feines Lokal mit gepflegter kampanischer Küche ist die *Antica Locanda (So-Abend und Mo geschl., Piazza della Seta 8/10, Tel. 08 23 30 54 44, €€)*.

Von hier geht es weiter hinauf nach *Sant'Angelo in Formis* *(S. 41)* zu den wunderbaren Fresken in der Basilika in herrlicher Lage (6 km). Zurück nach Capua sind es dann nur noch 5 km.

2 DURCH DEN KARST DES CILENTO

Anstatt von der Autobahn Salerno–Reggio Calabria bei der Ausfahrt Battipaglia den üblichen Weg nach Paestum und zur meerzugewandten Seite des Cilento anzusteuern, ist diese Tour eine Alternative durchs Landesinnere mit karstigen Kalkbergen, die sich mal schroff und abrupt erheben, mal von Wäldern bedeckt zu den Flussebenen abfallen – ein Naturerlebnis mit versteckten Sehenswürdigkeiten. Für die insgesamt rund 300 km bis zum Endpunkt in Teggiano sollten Sie mit Besichtigungen zwei Tage einplanen; wenn Sie unterwegs eine Bergwanderung unternehmen wollen, sind drei Tage das Minimum.

Hinter *Eboli* mit einem beschaulichen Stadtkern und den Resten der normannischen Klosteranlage *San Pietro alli Marmi* geht es von der SS 91 auf die SS 19 ins vegetationsreiche Flusstal des Sele. Ein Abstecher (8 km) führt nach *Persano* mit bourbonischem Jagdschlösschen (heute Militärschule) und WWF-Naturoase. Auf der SS 19 nähern Sie sich dann der Berggruppe der Monti Alburni, aus karstigem Kalkgestein voller Grotten und Wälder und zum Nationalpark des Cilento gehörend.

Von hier geht es auf 600 m ins malerische, schön gelegene *Sicignano degli Alburni* mit Kastellruine. Die Weiterfahrt führt über die Flanken der Berge nach Petina und von hier hinunter ins Tanagrotal unter der Autobahn hindurch zurück auf die SS 19 nach *Pertosa* zur gleichnamigen berühmten *Tropfsteinhöhle* *(S. 89)*. Wer sie in Ruhe besichtigen will, kann hier im ordentlichen *Hotel Grotte (18 Zi., Via Muraglione 33, Tel. 09 75 39 70 45, Fax 09 75 39 70 43, www.hotelgrotte.it, €)* mit gutem Restaurant übernachten.

Vom nahen *Polla* aus (in der hoch gelegenen Altstadt die Kirche *Sant'Antonio di Padova* mit reichem Bilderschmuck aus dem 17. Jh.) können Sie tags darauf die landschaftlich schöne Bergstrecke nach *Sant'Angelo a Fasanella* nehmen. Hier besucht man die beeindruckende, frühmittelalterliche *Grottenkirche San Michele,* die sich aus mehreren Grotten voller Altäre zusammensetzt, mit Bildern und Fresken aus dem 14./15. Jh. Am 8. Mai ist sie eindrucksvoller Schauplatz des Festes zu Ehren des Erzengels Michael. Diese Strecke von Polla nach Sant'Angelo ist auch ein guter Ausgangspunkt für Wanderungen in die Berge. Bei *Castelcivita* *(S. 86)* wartet eine weitere Tropfsteinhöhle.

Von hier geht es weiter über Bellosguardo und *Roscigno Vecchio,* ein altes Dorf, einst verlassen und heute pittoreskes Ausflugsziel, in den sympathischen Bergort *Laurino.* Hier beherrscht der *Monte Cervati* die Landschaft, ein von Wanderwegen erschlossenes Berggebiet. Beim Dorf Piaggine empfiehlt sich der Landgasthof *Agriturismo Le Grazie (8 Zi., Restaurant Mo geschl., Via Madonna delle Grazie, Tel. 09 74 94 09 02, www.turismoruralelegrazie.it, €).*

Mit dem Wallfahrtsort *Madonna della Neve* unterhalb des Gipfels (nur zu Fuß zu erreichen) und dem noch bedeutenderen Sanktuarium *Madonna di Novi Velia* beim heiligen Berg Monte Sa-

Hier können Sie »U-Boot« fahren: Grotta di Pertosa

cro, auch Monte Gelbison genannt, konzentrieren sich hier die traditionellen Glaubensstätten der Bergbauern und Hirten des Cilento. Von *Novi Velia* aus führt eine Straße durch dichte Wälder hinauf auf 1500 m (7 km), die restlichen 200 m zur Kirche (15. Jh.) geht man dann zu Fuß. Das große Wallfahrtsfest, zu dem traditionelle Dudelsackmusik gespielt wird, findet jedes Jahr am 15. August statt. In *Massa* an der Abzweigung nach Novi Velia lädt *La Chioccia d'Oro (Fr geschl., Tel. 097 47 00 04, €)* mit gutem, preiswertem Essen ein.

Wer von Vallo della Lucania hinunter ans Meer möchte, nach Camerota oder Palinuro, biegt von der SS 18 auf die SS 447 a gen Süden, eine rund 50 km lange, gewundene und landschaftlich sehr schöne Bergfahrt durch ruhige Dörfchen. Unsere Route führt weiter durch den Naturpark Cilento: über Laurito, Rofrano und Sanza, alles Ortschaften, von denen aus Wanderungen auf den Monte Gelbison oder den Monte Cervati starten, ins Vallo di Diano.

Vom Abstecher in den Thermalkurort *Montesano sulla Marcellana* führt ein Sträßchen direkt nach *Padula* zur großen Barockanlage der *Certosa di San Lorenzo* *(S. 88)*. Deren Mönche sollen im 15. Jh. die Trockenlegung der Sumpfebene Vallo di Diano vorangetrieben haben, eine vom Kranz der Berge umgebene, fruchtbare Agrarlandschaft, auf die man einen phantastischen Blick von *Teggiano* aus hat, einer besonders reizvollen Kleinstadt im Binnenland Kampaniens – mit Kastell, zahllosen Kirchen (besonders sehenswert die Fresken in San Pietro) und stattlichen Gebäuden aus dem Mittelalter.

Paradies (nicht nur) für Taucher

Und auf dem Pferd oder dem Mountainbike, im Kanu oder zu Fuß geht es durch die wildromantische Berglandschaft des Cilento

Bewegungshungrige können schon beim Bummel durch Positano ganz schön ins Schwitzen geraten: Steile Treppen führen auf und ab durch den Ort. Doch im Ernst: Auch wenn es hier unten im knallheißen, felsigen, aber vor allem gemächlichen Süden nicht ganz so sportfanatisch zugeht wie im Norden, etwa an der oberen Adria um Rimini: Auch am Golf von Neapel und im Cilento gibt es eine ganze Menge Angebote für Sportler und Tatendurstige.

Typische Strandsportarten wie Beachvolleyball sind an den breiten Sandstränden von Paestum, Marina di Ascea, Marina di Camerota und Palinuro im Cilento möglich. Sie gehören auch zum Angebot vieler Campingplätze und Bungalowanlagen, die direkt am Strand liegen.

Tennisplätze finden Sie im Cilento ebenfalls auf den großen Campingplätzen und in Ferienanlagen, aber auch auf der Sorrentinischen Halbinsel, auf Ischia, auf Capri und in Neapel. Die klassischen Wassersportarten wie Segeln und Surfen werden überall längs der Küste praktiziert. Und für Taucher gibt es absolute Highlights mit reicher Flora und Fauna vor allem an Felsgrotten unterhalb der Meeresoberfläche. In jüngster Zeit erfreut sich auch das Hochseefischen wachsender Beliebtheit, die Italiener nennen das *pescaturismo*.

Kaum eine Region Italiens ist für Taucher so attraktiv wie Kampanien

Für Ausflüge in die Natur, zu Fuß, mit dem Rad, auf dem Pferderücken, erweist sich besonders der Cilento als ideal, Naturreisenanbieter haben ihn längst in ihrem Programm (z. B. *www.cilento-ferien.de*, *www.italimar.com*). In den Fremdenverkehrsämtern hilft man gerne mit Kontaktadressen von Fahrradvermietern, Reitställen und Wanderführern weiter. Außerdem haben sich in den letzten Jahren im Zuge der Nationalparkbildung zahlreiche Vereinigungen und Agenturen gebildet, die Ausflüge in die Natur anbieten, zu Fuß, auf dem Mountainbike, auf dem Pferd, zu Raftingtouren und Grottenexpeditionen. Zwei Adressen von vielen: *GET Gruppo Escursionistico Trekking – Vallo di Diano (Silla di Sassano, Via Provinciale 25, Tel./Fax 097 57 25 86, www.getvallodidiano.it)* und *Associazione Trekking Cilento (Agropoli, Via Cannetiello*

Paddler und Kanuten schätzen das Flusstal des Calore im Cilento

6, Tel. 09 74 84 33 45, www.trekkingcilento.it).

KANU

Wem nach allzu viel Meer der Sinn nach frischem, kühlem Süßwasser in wildromantischer Berglandschaft steht, der kann im Cilento an Kanufahrten durch die Schluchten des Calore teilnehmen. Das Flusstal ist eine Naturoase und Habitat des italienischen Fischotters. *Im Nordwesten des Nationalparks bei Felitto, Oasi del Calore, Ortsteil Starza, Tel. 082 89 45 03*

HOCHSEEFISCHEN

Nachts oder im Morgengrauen fahren die Fischer aufs Meer, und vielerorts dürfen Touristen beim Auslegen der Netze mithelfen, beim Platzieren der Fischreusen und dann wieder beim Einholen. Den Fischern bringt der *pescaturismo*, das Hochseefischen, ein bisschen Geld ein, und für die Urlauber ist es eine spannende Art, das Alltagsleben an und auf dem Meer kennen zu lernen. Eine Adresse von vielen im Cilento ist die Agentur *Rosa dei Venti (Lungomare Colombo 1, Tel./Fax 09 74 97 30 90, Handy 34 03 38 02 31, www.rosadeiventivacanze.it)* in Marina di Pisciotta, die solche Fischfangausflüge und vieles mehr organisiert, was mit dem Leben auf dem Meer zu tun hat.

Insider Tipp

RADFAHREN

Der Cilento erfreut sich dank einer bewegten, abwechslungsreichen Landschaft mit immer wieder schönen Weitblicken auf die Küste und dank des außerhalb der Hochsaison in Juli/August mäßigen Verkehrs auf den beschaulichen Landstraßen zunehmender Beliebtheit unter den Radsportlern. In Hotels, auf Ferienhöfen und in Ferienanlagen stehen den Gästen fast überall Räder zur Verfügung. Auch für Mountainbikefans gibt es zahlreiche Tourenmöglichkeiten sowie Radverleih. Alles ums Rad findet sich in Capaccio-Paestum bei *La Boutique del Ciclo (SS 18, km 90, Tel. 08 28 72 35 64, www.ciclidea.it).*

REITEN

Im Cilento lassen sich herrliche Ausflüge auf dem Pferderücken unternehmen, längs der Strände, in die mediterrane Macchia, vor allem aber im Naturschutzpark in den lauschigen Laubwäldern, auf den Hochebenen des Vallo di Diano oder durch Flusstäler, etwa des Mingardo und des Calore. Manche Bauernhöfe im Landesinnern, die Ferienunterkünfte anbieten, halten auch Pferde für ihre Gäste bereit. Adressen mit Reitställen bekommen Sie in den Fremdenverkehrsämtern und *Pro-Loco*-Büros.

TAUCHEN

Die Küste Kampaniens einschließlich der Inseln ist ein Traumgebiet für Taucher, entsprechend viele Tauchschulen in den Ferienorten verleihen Ausrüstung und bieten Touren an. Unter Tauchern besonders geschätzt sind die Ausläufer der Sorrentinischen Halbinsel: der Parco Marino der Punta Campanella und die Klippenspitze Punta del Capo. Neben vielerlei Meeresgetier und einer reichen Unterwasserflora finden sich in den Tauchgründen auch eine den Seefahrern gewidmete Madonnenfigur (beim Hafen von Massa Lubrense) und ein Passionsweg des Christus auf 15 Keramiktafeln (von Sorrent Richtung Punta del Capo). Besonders eindrucksvoll sind unterirdische Grotten wie die Tropfsteinhöhle Grotta dello Zaffiro bei der Punta Campanella an der Spitze der Halbinsel von Sorrent. Eine Adresse in Sorrent: *Sorrento Diving Center, Via Marina Piccola 63, Tel./Fax 08 18 77 48 12, www.sorrentodivingcenter.it.* Auch längs der Amalfiküste kann man überall abtauchen, ein Tauchcenter folgt aufs nächste.

Die von Grotten durchlöcherte Küste des Cilento ist für Taucher ideal, vor allem die Felsküsten bei Marina di Camerota, bei Palinuro und der Halbinsel Capo Palinuro mit den roten Korallenbänken am Riff Capo Spartivento, die Klippen bei Acciaroli und die Landzunge Punta Licosa bei Castellabate. In Palinuro eine Adresse von vielen: *Palinuro Sub Diving Center, Via Porto 5, Tel./Fax 09 74 93 85 09, www.palinurosub.it*

Ein ganz besonderes Unterwassererlebnis bietet das Tauchen in Baia bei Neapel: Da steigt man hinab und taucht zwischen den Resten der einst prachtvollen Sommervillen der alten Römer.

WANDERN

In Kampanien gibt es eine ganze Reihe schöner Wandergebiete. Eines davon ist Ischia mit dem Monte Epomeo, ein weiteres sind die Monti Lattari mit dem Monte Faito, die sich von der Sorrentinischen Halbinsel ins Landesinnere ziehen. Im Rücken der Amalfiküste laden eine ganze Reihe von Wegen, oft ehemalige Maultierpfade, zum Wandern ein. Häufig sind sie steil und steinig, aber dafür belohnen sie mit herrlichen Weitblicken. Schließlich der Cilento, dessen größtes Kapital seine unberührte Berglandschaft ist. Hier lohnen Kammwanderungen über das Karstgebirge der Monti Alburni oder hinauf auf den Monte Cervati, oder Sie wandern auf den Monte Sacro bzw. Gelbison mit seinem bedeutenden Madonnenheiligtum. Die Fremdenverkehrsämter helfen mit Routenbeschreibungen und Adressen von Wanderorganisationen. Für den Einstieg ist es ratsam, sich der Kenntnis der Einheimischen anzuvertrauen, denn an gut markierten Wanderwegen fehlt es noch weit gehend. Eine gute Website zum Thema ist *www.italienwandern.de.*

Piazza
Dei Martiri

Die Natur sorgt fürs Kinderprogramm

Schlammfelder zischen und blubbern, es stinkt nach Schwefel, Rauchfahnen am Kraterrand: Das ist besser als jeder Vergnügungspark

Auf einer Ferienreise, die an so faszinierende Plätze führt wie in die quirlige Hafenstadt Neapel, an die halsbrecherische und zugleich malerische Felsküste von Amalfi, auf den mächtigen Vulkan Vesuv und in den südlichen Cilento mit seiner abgeschiedenen Berglandschaft mit Wäldern, Grotten und traumhaften Sandstränden, gibt es eine Menge, was Kinder (und nicht nur die) spannend finden.

Wie wäre es etwa mit einem Bummel über die »brennenden Felder«, die Campi Flegrei im Westen Neapels, wo in der Solfatara bei Pozzuoli Schlammfelder dampfend kochen und es aus Erdlöchern schwefelstinkend zischt und blubbert? Ganz schön aufregend ist auch der Blick in den Vulkanschlund des Vesuvs, nach einem Spaziergang an den Kraterrand, wo aus dem Lavaschotter bisweilen Rauchfahnen aufsteigen.

Nach Neapel fährt man mit Kindern am besten sonntags: Da ist die Uferpromenade Lungomare Caracciolo von frühmorgens bis zum Nachmittag für den Autoverkehr gesperrt, es herrscht neapolitanischer Familienrummel, und Jugendliche ziehen auf Inlineskatern ungestört über den Asphalt. Wochentags herrscht chaotischer Verkehr, die Bürgersteige – wenn vorhanden – sind zugeparkt, und durch die immerhin verkehrsberuhigte Altstadt flitzen die Vespas. Für Familien mit Kleinkindern, womöglich im Kinderwagen, ist das nichts.

Nach anstrengendem Spiel erfrischt auch ein Schluck Brunnenwasser

Wenn Ihre Kinder schon in einem Alter sind, in dem sie sich für (altes) Handwerk interessieren, sollten Sie auf jeden Fall das Museum über Papierherstellung in Amalfi besuchen. Auch der alten Bauern- und Handwerkswelt des Cilento – wie man Olivenöl, Wolle, Schuhe, Hanf herstellt – kann man nachspüren: in kleinen, liebevoll zusammengetragenen Dorfmuseen, z. B. in Moio della Civitella, in Montecorice, in Roscigno, in Teggiano.

Vielerorts tun sich tief im Gestein der Felsküste und in den Kalkgebirgen des Cilento große Hohlräume auf (so in Castelcivita und Pertosa) – geheimnisvoll und unheimlich zugleich und damit ideale Kulisse für alle irdischen und außerirdischen Phantasien, kurz: spannende Ausflugsziele für Kinder.

Im Sonntagsstaat verströmt auch eine kleine Italienerin Grandezza

Am berühmtesten ist natürlich die Blaue Grotte auf Capri, mit Ruderbooten gleitet man über flüssiges Kobaltblau durch die Höhle: eine Sache von wenigen Minuten, aber schwer beeindruckend. Von leuchtendem Smaragdgrün ist dagegen das Wasser in der Grotta dello Smeraldo an der Amalfiküste bei Conca dei Marini. Auf brillante Farbeffekte verweisen auch die Namen der Grotten an der Felsküste im Cilento: die Silberne, die Blaue, die Blutgrotte, alle auf Bootsausflügen vom Meer aus zu erreichen.

Beeindruckend ist auch ein Ausflug in die Unterwelt Neapels (Napoli Sotteranea), in die Höhlen, Keller, Zisternen, Tunnel unterhalb der Stadt. Und wer sich gern gruselt, sollte die Katakombenfriedhöfe mit echten Skeletten besuchen.

Sport und Animation für Kinder gibt es vor allem im Cilento in den gut ausgestatteten Ferienanlagen und Campingplätzen an den weiten, sandigen Stränden.

NEAPEL

Acquario e Stazione Zoologica Anton Dohrn **[U B5]**
In rund 30 Becken schwimmen und schlängeln sich viele Arten Meeresgetier, Algen und sonstige Meeresflora. Das Aquarium liegt zudem sehr schön in Meernähe im beschaulichen, gepflegten Stadtpark Villa Comunale zwischen den Uferpromenaden Via Caracciolo und Riviera di Chiaia. *Nov.–Feb. Di–Sa 9–17, So 9 bis 14, März–Okt. bis 18, So bis 19.30 Uhr, Eintritt 1,50 Euro, Kinder bis 12 Jahre 1 Euro*

Cratere degli Astroni **[116 C4]**
Auf der Fahrt nach Pozzuoli durch die vielerorts ziemlich zersiedelte Landschaft würde man hier, nördlich der Stadtautobahn und der rauchenden Felder der Solfatara, nie dieses Naturparadies vermuten: Auf 2,5 km^2 hat sich innerhalb der Mulde eines erloschenen Vulkans diese Wildlandschaft aus Macchia, Kastanien, Steineichen und einem Kratersee voller Wasservögel erhalten. Zum Herumstreunen und Lauschen. *Tgl. 10 Uhr–2 Std. vor Sonnenuntergang, Stadtautobahn Tangenziale, Ausfahrt Agnano*

Edenlandia **[117 D4]**
Im Westteil Neapels erstreckt sich dieser beliebte Vergnügungspark, eine Kirmes mit vielen Attraktionen von schwindelerregend bis soft, außerdem Spielanimationen, Restaurants und ein kostenpflichtiger

bewachter Parkplatz. *Mitte März bis Juni Di–Fr 14–21, Sa/So 10.30 bis 24, Juli–Mitte Sept. Di–So 17 bis 24, Mitte Sept.–Mitte März Sa/So 10.30–24 Uhr, www.edenlandia.it, Viale Kennedy 75, Eintritt 2 Euro, Kinder unter 1,10 m gratis, Armband zur Benutzung aller Attraktionen 10 Euro*

Insider Tipp **Magic World** **[117 D3]**
Ein großer, moderner Vergnügungspark in Giugliano 15 km nordwestlich von Neapel, der mit vielfältigen Spielattraktionen aufwartet und im Sommer mit einem Wasserspaßareal mit Wellenbad, Schwimmbädern, Wasserrutschen und Flüssen – die aufwändigste Erlebnisanlage Süditaliens. Zahlreiche Restaurants und Imbissstände helfen bei leerem Magen, und für selbst mitgebrachten Proviant gibt es Picknickplätze. Ein Servicezentrum für Kleinkinder bietet Wickeltische, Brei- und Flaschenwärmer, Buggys etc. Und vor dem Eingang ist natürlich ein großer Parkplatz vorhanden. *Juni–Aug. tgl. 10–22, April, Mai, Sept., Okt. Sa 16–22, So 10–22 Uhr, Eintritt 8 Euro, mit Wasserspaßareal 12, So 16 Euro, Kinder bis 1 m frei, Giugliano, Ortsteil Masseria Vecchia, Via San Nullo, www.magicworld.it*

Insider Tipp **Museo Vivo di Città della Scienza** **[116 C5]**
Am westlichen Stadtrand auf dem Weg nach Pozzuoli kommen Sie vorbei an der Bucht von Bagnoli, der Schwerindustriezone Neapels, heute stillgelegt und auf dem Weg, in ein Freizeit- und Kulturzentrum verwandelt zu werden. Hier ist 2001 ein interessantes, hypermodernes Wissenschaftsmuseum in den riesigen Werkshallen eröffnet worden, in dem sich interaktiv vieles über das Funktionieren unserer Welt erfahren lässt: Wie der Kosmos arbeitet, wie Blitze entstehen, wie es in unserem Körper aussieht. *Di–Sa 9–17, So 10–19 Uhr, Eintritt 7 Euro, 3–18 Jahre 5 Euro, www.cittadellascienza.it, Via Coroglio 104*

PAESTUM UND NATIONALPARK CILENTO

Bootsausflüge mit Picknick **[122–123 C–D6]**
Von den Badeortschaften an der Cilentoküste, allen voran von Marina di Camerota und Palinuro aus, starten in den Sommermonaten die Fischer mit ihren Booten und schippern die Urlauber die Küste entlang zu den Badebuchten mit ihren bizarren Felsformationen, vor allem aber zu den wunderbaren Meeresgrotten. Zu den Ausflügen gehören oft auch Picknicks an den Stränden, zu denen die Fischer frischen Fisch grillen. Ein ganz besonderes Erlebnis für Jung und Alt sind Touren des Nachts unterm Sternenhimmel. *Auskunft und Buchung in den Häfen*

Museo Vivo del Mare **[122 A4]**
In dem kleinen Küstendorf Pioppi zeigen in einem alten Palazzo zahlreiche Aquarien die faszinierende Pflanzen- und Korallenwelt, die Fische und Meerestiere, die die Tiefen und Grotten vor der naturgeschützten Küste des Cilento bewohnen. Auch werden hier verletzte Wasserschildkröten gesund gepflegt. *Mo und Mi–Sa Mitte Juni bis Mitte Sept. 9.30–12.30 und 18 bis 22, Mitte Sept.–Mitte Juni 9.30 bis 12.30 und 15–19 Uhr, Eintritt 2 Euro, Kinder 1,50 Euro, Via Caracciolo 146, www.museodelmare.it*

Angesagt!

Was Sie wissen sollten über Trends, die Szene und Kuriositäten am Golf von Neapel

Körperkult
Man pflegt sich sehr, ist modebewusst und körperbetont bis zum Exzess. Der Strand und das abendliche Bummeln bieten die rechte Gelegenheit, die samtige Ambrahaut und den gepiercten Nabel zur Schau zu stellen. Das schöne, üppige Haar glänzt, und kaum ein Mädchen geht, zumal hier im Süden, ungeschminkt vor die Tür. So fahren nach Ischia denn auch nicht mehr nur die Kurgäste, sondern längst auch junges Publikum: Wellness, Fitness, Beauty heißen die Magneten.

Spiagge Danzanti
Der Trend heißt »Tanzende Strände«: Neben den klassischen, oft spektakulär gelegenen Sommerdiskos, vor allem auf der Sorrentinischen Halbinsel, an der Amalfiküste und in den Ferienorten des Cilento machen eine ganze Reihe schicker Strandlokale mit relaxter Exotikatmosphäre Furore. Bei Neapel sind es vor allem die Beachlokale von Bagnoli/Discesa Coroglio und an den Stränden von Bacoli, wie am Lido di Fusaro und am Strand von Torregaveta, hier mit dem sehr angesagten *Sohal Club.* Zu Lounge- und Chill-out-Musik trinkt man den *sgroppino* aus Zitronensorbet, Wodka und Spumante.

Noch immer das gewisse Extra: Capri
Capri ist immer gut für das gewisse Extra, etwa für einen Abendausflug. Dazu mietet man sich mit vielen zusammen ein Boot und fährt von Sorrent hinüber nach Capri, auf die Piazzetta, in die mondänen Diskos.

Leben in den Quartieri
Damit sind die vormals berüchtigten Viertel wie die Quartieri Spagnoli und der Rione Sanità im Stadtzentrum gemeint, wo die wenig betuchten Neapolitaner auf engem Raum in heruntergekommenen Palazzi wohnen und sich der Waschpulverduft der Wäsche mit den Abgasen der knatternden Mofas in den Gassenschluchten mischt. Hierhin ziehen nun junge Kreative, machen Galerien, Läden und Kneipen auf und restaurieren alte Palazzi.

Von Anreise bis Zoll

Hier finden Sie kurz gefasst die wichtigsten Adressen und Informationen für Ihre Reise an den Golf von Neapel

ANREISE

Auto

Nach Neapel und auf die Inseln fahren Sie besser ohne Auto (in Neapel, Sorrent, Salerno gibt es Autovermietungen), für Paestum und den Cilento ist ein Auto hingegen ratsam. Autobahn vom Brenner bzw. Gotthard über Bologna, Rom, Caserta, Salerno. Vom Brenner bis Palinuro sind es rund 1350 km. Im Sommer fahren verschiedene Autozüge nach Italien *(www.dbautozug.de)*.

Bahn

Direkte Verbindungen gibt es von München, sonst umsteigen in Mailand. Neapel hat drei Bahnhöfe, Centrale, Mergellina und Campi Flegrei (Fuorigrotta). Stündliche Verbindungen nach Rom und Salerno. Von Neapel und Salerno gehen Züge an die Küste des Cilento. Mit der Bahn Circumvesuviana vom Hauptbahnhof alle halbe Stunde nach Sorrent. Vom Bahnhofsvorplatz Piazza Garibaldi Überlandbusse nach Benevent, Caserta, Amalfi, Salerno.

Flugzeug

Tägliche bzw. wöchentliche Flugverbindungen bestehen zwischen Neapels Flughafen Capodichino und deutschen Flughäfen sowie Zürich und Wien (vorwiegend mit Zwischenstopp). In der Sommersaison kommen Charterverbindungen hinzu, oft mit Pauschalangeboten; Angebote auch zu Flug und Mietauto. Günstige Flüge von einigen deutschen Flughäfen nach Neapel z. B. mit Hapag Lloyd Express *(www.hlx.com)*, Easyjet *(www.easyjet.com)*, Air Berlin *(www.airberlin.com)*. Vom Flughafen gelangen Sie zum Hauptbahnhof in der Innenstadt mit dem Bus 3S (alle 10 Min.), an den Fährhafen Molo Beverello mit dem blauen Alibus. Busverbindungen gibt es auch nach Sorrent.

AUSKUNFT

Staatliches Italienisches Fremdenverkehrsamt Enit

Gebührenfreie Telefonnummer für Deutschland, Österreich und die Schweiz: 008 00 00 48 25 42
- *Kaiserstr. 65, 60329 Frankfurt*
- *Kärntnerring 4, 1010 Wien*
- *Uraniastr. 32, 8001 Zürich*
- *www.enit.it*

AUTO

Höchstgeschwindigkeit innerorts 50, auf Landstraßen 90, auf Schnellstraßen 110, auf Autobahnen 130, bei Regen 110 km/h. Auch tagsüber muss außerhalb geschlossener Ortschaften mit Abblendlicht gefahren werden. Die Promillegrenze liegt bei 0,5. Pflicht ist das Mitführen einer Warnweste. Von April bis Oktober ist die Amalfitana tagsüber für Campingwagen und Caravans gesperrt. Die meisten Autobahnen sind gebührenpflichtig (100 km gut 5 Euro). Tankstellen sind Mo–Sa meist 7.30 bis 12.30 und 15–19 Uhr geöffnet, So nur vereinzelt an Ausfallstraßen, auf der Autobahn immer. Ansonsten helfen Tankautomaten. Pannenhilfe: *Tel. 80 31 16*

DIPLOMATISCHE VERTRETUNGEN

Deutsches Konsulat
Via Crispi 69, Neapel, Tel. 08 12 48 85 11

Österreichisches Konsulat
Corso Umberto I 275, Neapel, Tel. 081 28 77 24

Schweizer Konsulat
Via dei Mille 16 (4. Etage), Neapel, Tel. 08 14 10 70 46

EINTRITTSPREISE

Der Eintritt in größere Museen und Sehenswürdigkeiten bewegt sich meist um 5 Euro (z. B. Klosterkomplex Santa Chiara in Neapel 4 Euro, Archäologiemuseum 6,50 Euro), Pompeji und Ercolano kosten 10 Euro. Viele Vergünstigungen mit der Campania Card *(s. S. 38)*. Für EU-Bürger unter 18 und über 65 ist der Eintritt in staatliche Museen und Ausgrabungsstätten frei.

GELD & KREDITKARTEN

Am praktischsten sind die flächendeckend vorhandenen Geldautomaten *(bancomat)*. In besseren Restaurants, Hotels und Geschäften, an vielen Tankstellen und bei Autovermietungen können Sie mit den gängigen Kreditkarten zahlen.

INTERNET

Informative Internetauftritte zu Neapel und Kampanien: *www.primitaly.it/campania* (Infos zu Kampanien, auch auf Englisch); Allgemeines zu Kampanien: *www.turismoregionecampania.it; www.inaples.it* (Fremdenverkehrsamt von Neapel, auch auf Deutsch); viele Infos auf Deutsch: *www.portanapoli.com;* Infos zu Pompeji: *www.pompeiisites.org;* zum Cilento: *www.cilentonet.it;* Naturreisen, Unterkünfte, Sehenswürdigkeiten im Cilento: *www.italimar.com, www.nonsolocasa.de, www.cilento-ferien.de;* Zugverbindungen in Italien: *www.trenitalia.com;* zu Jugendherbergen in Kampanien: *www.ostellionline.org*

INTERNETCAFÉS

Internetpoints gibt es überall, in Bahnhofs- und Uninähe, in Bars in den Altstadtkernen und Ferienorten, in Hotels und auf Campingplätzen.

MIETWAGEN

Avis, Hertz, Maggiore und andere Gesellschaften am Flughafen Capodichino und am Hauptbahnhof Garibaldi in Neapel. Auch in Sorrent und Salerno gibt es Vermietungen. Ein Mittelklassewagen kostet übers Wochenende 130–160 Euro, für eine Woche 330–360 Euro. Buchungen vor Reiseantritt sind häufig preiswerter. Mietautos im Cilento: *www.antares91.com.* Infos zu Mietwagen finden Sie auch unter *www.marcopolo.de.*

Was kostet wie viel?

Cappuccino	**1,20–1,50 Euro** für eine Tasse am Tresen
Eis	**1,50 Euro** für eine Kugel Eis
Wein	**ab 2,50** für ein Glas Wein
Imbiss	**ab 2,50 Euro** für ein belegtes *panino*
Benzin	**1,30 Euro** für 1 l Super bleifrei
Busfahrt	**1 Euro** für eine Busfahrt in Neapel

NOTRUF

Notruf *(Pronto Soccorso)* von jedem öffentlichen Telefon aus: Feuerwehr *(Vigili del Fuoco) 115;* Polizei *113;* Notarzt, Rettungswagen *118;* ACI-Pannenhilfe *80 31 16*

ÖFFENTLICHE VERKEHRSMITTEL

In Neapel gutes Busnetz, U-Bahn, vier Standseilbahnen. Fahrkarten für Stadtbusse in Tabakgeschäften und an Zeitungskiosken. Überlandbusse nach Caserta, Amalfi, Pompeji, Sorrent, Paestum, Salerno etc. Häufige Zugverbindungen nach Caserta, Benevent, Salerno und zu den Küstenorten des Cilento. Gute Verbindungen mit Lokalbahnen nach Pozzuoli, Baia, Cuma, Ercolano, Pompeji, Sorrent. Öffentliche Verkehrsmittel sind relativ preiswert. Mehrmals täglich Tragflügelboote *(aliscafo)* und Fähren *(traghetto)* nach Capri, Ischia, Procida, Sorrent von den Anlegestellen Molo Beverello und Mergellina sowie Pozzuoli, im Sommer Schnellboote *(metro del mare)* bis an die Cilentoküste. Fahrpläne in der Zeitung »Il Mattino« und dem Heft »Qui Napoli«.

ÖFFNUNGSZEITEN

Lebensmittelgeschäfte sind Mo–Sa meist 8.30–13 und 17.30–20 Uhr geöffnet, Boutiquen und Supermärkte 8.30 bzw. 9–12.30 und 16 bis 19.30 Uhr. In Küstenorten bleiben die Geschäfte oft bis spät in den Abend offen. Kirchen schließen meist über Mittag von 12.30 bis 17 Uhr.

POST

Postämter sind meist Mo–Fr 8.15 bis 13.40, Sa bis 12.20 Uhr geöffnet. Das Porto für Karten und Briefe in EU-Länder und die Schweiz beträgt 62 Cent *(posta prioritaria)*.

TELEFON & HANDY

Telefonieren in Zellen und Bars. Telefonkarten sind in Tabakgeschäften erhältlich. Telefonieren mit Handy ist sehr teuer, Sie zahlen auch bei Anrufen aus Deutschland, Mailbox daher am besten ausschalten. Vorwahlen: Deutschland *0049*, Österreich *0043*, Schweiz *0041*, Italien *0039*.

ZOLL

Innerhalb der EU freie Ein- und Ausfuhr von Waren zum persönlichen Bedarf, z. B. (Angaben in Klammern für Schweizer): 800 (200) Zigaretten; 90 (2) l Wein; 10 (1) l Spirituosen über 22 (15) Prozent.

Wetter in Neapel

	Jan.	Feb.	März	April	Mai	Juni	Juli	Aug.	Sept.	Okt.	Nov.	Dez.
Tagestemperaturen in °C	11	12	15	18	22	27	29	29	26	21	17	13
Nachttemperaturen in °C	6	6	8	11	14	18	20	20	18	14	11	7
Sonnenschein Std./Tag	4	4	5	7	8	10	11	10	7	6	5	5
Niederschlag Tage/Monat	10	9	8	7	6	4	2	3	6	9	11	12
Wassertemperaturen in °C	14	13	14	15	18	21	24	25	23	21	18	16

Parli italiano?

»Sprichst du Italienisch?«
Dieser Sprachführer hilft Ihnen, die wichtigsten Wörter und Sätze auf Italienisch zu sagen

Zur Erleichterung der Aussprache:

c, cc	vor »e, i« wie deutsches »tsch« in deutsch, Bsp.: die**c**i, sonst wie »k«
ch, cch	wie deutsches »k«, Bsp.: pa**cch**i, **ch**e
ci, ce	wie deutsches »tsch«, Bsp.: **ci**ao, **ci**occolata
g, gg	vor »e, i« wie deutsches »dsch« in Dschungel, Bsp.: **g**ente
gl	ungefähr wie in »Familie«, Bsp.: fi**gl**io
gn	wie in »Kognak«, Bsp.: ba**gn**o
sc	vor »e, i« wie deutsches »sch«, Bsp.: u**sc**ita
sch	wie in »Skala«, Bsp.: I**sch**ia
sci	vor »a, o, u« wie deutsches »sch«, Bsp.: la**sci**are
z	immer stimmhaft wie »ds«

Ein Akzent steht im Italienischen nur, wenn die letzte Silbe betont wird. In den übrigen Fällen haben wir die Betonung durch einen Punkt unter dem betonten Vokal angegeben.

AUF EINEN BLICK

Ja./Nein./Vielleicht.	Sì./No./Fọrse.
Bitte./Danke./Vielen Dank!	Per favọre./Grạzie./Tạnte grạzie.
Gern geschehen.	Non c'è di che!
Entschuldigen Sie!	Scụsi!
Wie bitte?	Prẹgo?/Cọme, scụsi?/Cọme dịce?
Ich verstehe Sie/dich nicht.	Non La/ti capịsco.
Ich spreche nur wenig ...	Pạrlo sọlo un po' di ...
Können Sie mir bitte helfen?	Mi può aiutạre, per favọre?
Ich möchte ...	Vorrẹi ...
Das gefällt mir (nicht).	(Non) mi piạce.
Haben Sie ...?	Ha ...?
Wie viel kostet es?	Quạnto cọsta?
Wie viel Uhr ist es?	Che ọre sọno?/Che ọra è?

KENNENLERNEN

Guten Morgen!/Tag!	Buon giọrno!
Guten Abend!	Buọna sẹra!

Gute Nacht!	Buọna nọtte!
Hallo!/Grüß dich!	Ciạo!
Wie geht es Ihnen/dir?	Cọme sta?/Cọme stai?
Danke. Und Ihnen/dir?	Bẹne, grạzie. E Lei/tu?
Auf Wiedersehen!	Arrivedẹrci!
Tschüss!	Ciạo!
Bis bald!	A prẹsto!
Bis morgen!	A domạni!

UNTERWEGS

Auskunft

links/rechts	a sinịstra/a dẹstra
geradeaus	dirịtto
nah/weit	vicịno/lontạno
Wie weit ist das?	Quạnti chilọmetri sọno?
Ich möchte … mieten.	Vorrẹi noleggịare …
… ein Auto …	… ụna mạcchina.
… ein Fahrrad …	… ụna biciclẹtta.
… ein Boot …	… ụna bạrca.
Bitte, wo ist …	Scụsi, dov'è …
… der (Haupt-)Bahnhof?	… la staziọne (centrạle)?
… der Hafen?	… il pọrto?
… die Haltestelle?	… la fermạta?
… der Anleger?	… l'imbarcadẹro?

Panne

Ich habe eine Panne.	Ho un guạsto.
Würden Sie mir einen Abschleppwagen schicken?	Mi potrẹbbe mandạre un cạrro-attrẹzzi?
Gibt es hier in der Nähe eine Werkstatt?	Scụsi, c'è un'officịna qui vicịno?

Tankstelle

Wo ist bitte die nächste Tankstelle?	Dov'è la prọssima staziọne di servịzio, per favọre?
Ich möchte … Liter …	Vorrẹi … lịtri di …
… Super./… Diesel.	… sụper./… gasọlio.
… Bleifrei/… Verbleit.	… sẹnza piọmbo (vẹrde)/ … con piọmbo.
Voll tanken, bitte.	Il piẹno, per favọre.

Unfall

Hilfe!	Aiụto!
Achtung!/Vorsicht!	Attenziọne!
Rufen Sie bitte schnell …	Chiạmi sụbito …
… einen Krankenwagen.	… un'autoambulạnza.

… die Polizei.	… la polizịa.
… die Feuerwehr.	… i vịgili del fuọco.
Haben Sie Verbandszeug?	Ha materiạle di prọnto soccọrso?
Es war meine Schuld.	È stạta cọlpa mịa.
Es war Ihre Schuld.	È stạta cọlpa Sụa.
Geben Sie mir bitte Ihren Namen und Ihre Anschrift!	Mi dịa il Sụo nọme e indirịzzo, per favọre!

ESSEN/UNTERHALTUNG

Wo gibt es hier …	Scụsi, mi potrẹbbe indicạre …
… ein gutes Restaurant?	… un buọn ristorạnte?
… ein typisches Restaurant?	… un locạle tịpico?
Gibt es in der Nähe eine Eisdiele?	C'è ụna gelaterịa qui vicịno?
Reservieren Sie uns bitte für heute Abend einen Tisch für vier Personen.	Può riservạrci per stasẹra un tạvolo per quạttro persọne?
Auf Ihr Wohl!	(Ạlla Sụa) salụte!
Bezahlen, bitte.	Il cọnto, per favọre.
Hat es geschmeckt?	Andạva bẹne?
Haben Sie einen Veranstaltungskalender?	Ha un progrạmma dẹlle manifestaziọni?

EINKAUFEN

Wo finde ich …	Dọve pọsso trovạre …
… eine Apotheke?	… ụna farmacịa?
… eine Bäckerei?	… un panifịcio?
… ein Fotogeschäft?	… un negọzio di artịcoli fotogrạfici?
… ein Kaufhaus?	… un grạnde magazzịno?
… ein Lebensmittelgeschäft?	… un negọzio di gẹneri alimentạri?
… den Markt?	… il mercạto?
… einen Supermarkt?	… un supermercạto?
… einen Tabakladen?	… un tabaccạio?
… einen Zeitungshändler?	… un giornalạio?

ÜBERNACHTEN

Können Sie mir bitte … empfehlen?	Scụsi, potrẹbbe consigliạrmi …
… ein Hotel …	… un albẹrgo?
… eine Pension …	… ụna pensiọne?
Ich habe bei Ihnen ein Zimmer reserviert.	Ho prenotạto ụna cạmera.
Haben Sie noch …	È lịbera …
… ein Einzelzimmer?	… ụna sịngola?

… ein Zweibettzimmer?	… ụna dọppia?
… mit Dusche/Bad?	… con dọccia/bạgno?
… für eine Nacht?	… per ụna nọtte?
… für eine Woche?	… per ụna settimạna?
… mit Blick aufs Meer?	… con vịsta sul mạre?
Was kostet das Zimmer …	Quạnto cọsta la cạmera …
… mit Frühstück?	… con la prịma colaziọne?
… mit Halbpension?	… a mẹzza pensiọne?

PRAKTISCHE INFORMATIONEN

Arzt

Können Sie mir einen guten Arzt empfehlen?	Mi può consigliạre un buọn mẹdico?
Ich habe Durchfall	Ho la diarrẹa.
Ich habe …	Ho …
… Fieber.	… la fẹbbre.
… Kopfschmerzen.	… mal di tẹsta.
… Zahnschmerzen.	… mal di dẹnti.

Post

Was kostet …	Quạnto cọsta …
… ein Brief …	… ụna lẹttera …
… eine Postkarte …	… ụna cartolịna …
… nach Deutschland?	… per la Germạnia?

ZAHLEN

0	zẹro	19	diciannọve
1	ụno	20	vẹnti
2	dụe	21	ventụno
3	tre	30	trẹnta
4	quạttro	40	quarạnta
5	cịnque	50	cinquạnta
6	sẹi	60	sessạnta
7	sẹtte	70	settạnta
8	ọtto	80	ottạnta
9	nọve	90	novạnta
10	diẹci	100	cẹnto
11	ụndici	101	centoụno
12	dọdici	200	ducẹnto
13	trẹdici	1000	mịlle
14	quattọrdici	2000	duemịla
15	quịndici	10000	diecimịla
16	sẹdici		
17	diciassẹtte	1/2	un mẹzzo
18	diciọtto	1/4	un quạrto

Reiseatlas Golf von Neapel

Die Seiteneinteilung für den Reiseatlas finden Sie auf dem hinteren Umschlag dieses Reiseführers

Kartenlegende Reiseatlas

Autobahn mit Anschlussstelle - Mautstelle	Horb 14	Motorway with junction - Toll
Autobahn in Bau - geplant	Datum/Date	Motorway under construction - projected
Tankstelle - Rasthaus - mit Motel	La Macchia	Filling station - Restaurant - with motel
Vierspurige Straße - in Bau		Road with four lanes - under construction
National- oder Staatsstraße - in Bau		Trunk road - under construction
Wichtige Hauptstraße - in Bau		Important main road - under construction
Hauptstraße - Nebenstraße		Main road - Secondary road
Fahrweg - Fußweg		Practicable road - Foothpath
Passstraße mit Wintersperre - Steigung	X-IV 10%	Mountain pass closed in winter - Gradient
Für Wohnwagen nicht empfehlenswert - gesperrt		Not suitable for caravans - closed
Gebührenpflichtige Straße - Für Kfz gesperrt		Toll road - Road closed for motor traffic
Hauptbahn mit Bahnhof - Nebenbahn		Main railway with station - Other railway
Eisenbahn (Güterverkehr) - Autoverladung		Railway (freight haulage) - Railway ferry for cars
Zahnradbahn - Seilbahn - Sessellift		Rack-railway - Cable lift - Chair lift
Autofähre - Schifffahrtslinie		Car ferry - Shipping route
Flughafen - Regionalflughafen - - Flugplatz - Segelflugplatz		Airport - Regional airport - - Airfield - Gliding field
Besonders sehenswerter Ort	LISBOA	Place of particular interest
Besondere Natursehenswürdigkeit	Grotta d. Vento	Natural object of particular interest
Sonstige Sehenswürdigkeit	* Cittadella	Other objects of interest
Landschaftlich schöne Strecke		Scenic road
Touristenstraße	Route des Grandes Alpes	Tourist route
Nationalpark, Naturpark - Aussichtspunkt		National park, nature park - Viewpoint
Botanischer Garten, sehenswerter Park - - Zoologischer Garten		Botanical gardens, interesting park - - Zoological garden
Burg, Schloss für Besucher zugänglich - Ruine		Castle open to public - Ruin
Sonstige Burg, Schloss - Kirche - Kloster - Ruinen		Other castle - Church - Monastery - Ruins
Turm - Funk- oder Fernsehturm		Tower - Radio- or TV tower
Denkmal - Leuchtturm		Monument - Lighthouse
Golfplatz - Jachthafen		Golf-course - Marina
Hotel, Motel, Gasthaus - Berghütte - Feriendorf		hotel, motel, inn - Mountain hut - Tourist colony
Campingplatz - Jugendherberge		Camping - Youth hostel
Strandbad - Schwimmbad - Heilbad		Bathing place - Swimming pool - Spa
Staatsgrenze		State boundary
Grenzkontrollstelle international - - mit Beschränkung		International check-point - - Check-point with restrictions
Verwaltungsgrenze - Sperrgebiet		Administrative boundary - Restricted area
Ausflüge & Touren		Excursions & tours

Staz.di Sessa-Roccamonfina
Piedimonte Massicano
CARINOLA
S.Croce
Nocelleto
Taverna
A
B
C
Monte Mássico
813
Falciano del Mássico
Ciamprisco
Aiaspaccata
Caserio Reale
Torre Lupara
Lago di Carinola
Monte Cícoli
273
Monte Crestegallo
437
il Castello
Masseria Aciti
Limata
Pizzone
Sant' Andrea
Masseria Areanova
le Vagnole
Via Áppia Antica
Cappellone
Staz.di Falciano-Mondragone
Agnena
Borgo Áppio
Canale
Torre di Schiavi
Brezza
MONDRAGONE
Bonifica del Volturno
Grazzanise
Santa Maria la Fossa
Cancello-Arnone
Volturno
264
Masseria Possatella
Masseria Cammino
Torre di Pescopagano
Riccia nuova
Ponte Annecchino
Letizia
Castèl Volturno
(rom. Volturnum)
la Piana
Ponte Bonito
7bis/dir
Casàl di Principe
Villa di Briano
Villa Literno
S.Cipriano d'Aversa
Pineta Grande
Via Domiziana
Casapesenna
San Marcellino
Tréntola
San Sóssio
Masseria Orabona
Santa Maria a Pantano
Castello
Parete
Villaggio Cóppola
7quater
Ischitella Lido
Lago di Pàtria
Masseria Cavone
Staz.Giugliano-Qualiano
162
Qualiano
MARE
TIRRENO
LITERNUM
Marina di Lago di Pàtria
Zaccaria
Castello di Monteleone
Marina di Varcaturo
Quarto
Monte Ruscello
141
Lido di Licola
Necropoli
Acropoli
Campi Flegrei
Via Campana
Antica Campana
CUMA
Cuma2
(Antica città greca)
Arco Felice
Pozzuoli
Anfiteatro
Lago d'Averno
14
13
12
Lago di Fusaro
Lido di Nàpoli
POZZUOLI
Bàia
Torregáveta
Castello
Parco d. Campi Flegrei
Cappella
Bácoli
Monte di Prócida
Miseno
Spiaggia di Miliscola
Capo Miseno
Ventotene
Ísola
PRÓCIDA
Capo Bove
Castello
Lido di Prócida
l'Olmo
Ísola di Prócida
Centane
Punta Solchiaro
Ísola Vivara
Baia di San Montano
Lacco Ameno
CASAMICCIOLA TERME
Punta Cornácchia
Íschia Porto
ÍSCHIA
Montevérgine
Chiàia
FORÍO
Monterone
Máio
M.Epomeo
788
Mandria
Castello
Fiaiano
Carta Romana
Spiaggia di Citara
Fontana
Cuotto
Buonopane
Sant'Antuono
Piedimonte
Panza
Punta Imperatore
Serrara
BARANO d'Íschia
Succhivo
Sant' Ángelo
Punta San Pancrázio
Capo Negro
Lido dei Maronti
Punta Sant'Ángelo
Ísola d'Íschia
5 km
Capri

Bellona
Taverna Nuova
Cesarano
Masseria Maturi
Squille
Melizzano
Fagianera
Biancano
Limatola
Puparuolo
Ponte Annibale
Largisi
Gróttole
Torone
Ave Gratia Plena
Dugenta
Torricella
Basilica
Sant'Angelo in Formis
Tomba dei Garibaldini
Gradillo
Vaccheria
l'Annunziata
Castelmorrone
Ponte Biférchia
Fággio
Isclero
San Léucio
Caserta Vecchia
Pozzovétere
Capitone
Casagiove
Cattedrale
Cásola
Castello
SANT'ÁGATA DE GOTI
Moiano
Pastorano
Anfiteatro
Casolla
Tuoro
Valle di Maddaloni
Bagnoli
Luzzano
San Prisco
Duomo
Curti
Caserta N.
Reggia
Garzano
San Clemente
Durazzano
Monte Sáucolo
AIROLA
Casapulla
Caturano
Macerata Camp.
Pórtico di Caserta
Recale
S.Nicola
CASERTA
Castello
768
Arpáia
Capodrise
San Nicola la Strada
Cervino
Castello
Montedecoro
Fórchia
Messercola
S.Maria a Vico
Fórchia
Castello
San Marco Evangelista
MADDALONI
ARIENZO
Castello
Talánico
MARCIANISE
Castello
Loriano
Napoli N.
Caserta S.
San Marco
Ponti Rossi
San Felice a Cancello
Sant'Angelo a Palombara
Monte Fellino
Suessola
la Pagliara
Castello
Cancello
Pólvica
668
Sasso
Gargani
Pascarola
Asse di Supporto
Gaudello
Piazza
Gricignano di Aversa
AVERSA
Orta di Atella
Caivano
Cicciano
Tufino
Succivo
Cesa
Sant'Arpino
Camposano
Comiziano
Fratta-minore
Crispano
Acerra
Cimitile
Faibano
Cardito
Asse Mediano
Tre Ponti
Faibano
Nola
S.Ántimo
Frattamaggiore
Lausdómini
San Vitaliano
NOLA
Casandrino
Grumo Nevano
AFRAGOLA
Mariglianella
Brusciano
Marigliano
Melito di Nápoli
Casalnuovo di Nápoli
Licignano di Napoli
Scisciano
San Páolo Bel Sito
Arzano
Castello di Cisterna
Napoli E.
Palazzuolo
Saviano
CASÓRIA
Pomigliano d'Arco
Secondigliano
Casavatore
Aerop. di Napoli
Capodichino
Napoli N.
POMIGLIANO D'ARCO
Vesuvio
Aliperti
Piscinola
Miano
Volla
Romani
Somma Vesuviana
Piazzolla
Doganella
Capodichino
Caravita
Rione Trieste
Capodimonte
Secondigliano
Poggioreale
C.Dir.
Ponticelli
Cércola
S.Anastasia
Trocchia
S.Gennaro Vesuviano
Camaldoli
Capodimonte
Napoli Centro
N.Sud-Barra
Póllena-Massa di S.
M.Somma
Ottaviano
Castello del Príncipe
S.Giuseppe Vesuviano
Vomero
Barra
S.Giórgio a Cr.
Ponticelli
San Sebastiano al Vesúvio
1132
Santa Maria la Scala
Casilli
Poggiomarino
Parco d. Vesuvio
Pórtici
Ercolano
1281
Osservatorio
NÁPOLI
PÓRTICI
Vesúvio
Terzigno
Bóccia al Mauro
Posíllipo
HERCULANEUM
ERCOLANO
BOSCOREALE
C.di Posíllipo
Torre d.Greco
BOSCOTRECASE
Marchesa
Passanti
TORRE DEL GRECO
Trecase
T.A.Nord
San Pietro
POMPEI
Pompei
Santa Maria la Bruna
Leopardi
Pompei
Scafati
TORRE ANNUNZIATA
Torre Ann.
Santa Maria
S.Antonio Abate
Golfo di Nápoli
Scoglio Rovigliano
la Carità
CASTELLAMMARE DI STÁBIA
STABIAE
Cásola
Antiche Terme
Bagni di Pozzano
Gragnano
Pimonte
Tralia
Piazza
San Francesco
Monte Faito
1131
VICO EQUENSE
San Michele
1443
Marina di Équa
Cásola
Piano di Sorrento
Meta
Santa Maria del Castello
SORRENTO
Sant'Agnello
Preazzano
Arola
877
Palau, Cágliari, Tunis, Ústica-Favignana-Trápani
Isole Eolie, Reggio Cal.-Catánia-Siracusa-
Malta, Al Iskandariyah

117
118

117

MADDALONI
ARIENZO
AVERSA
Caivano
Acerra
AFRAGOLA
CASÓRIA
POMIGLIANO D'ARCO
Marigliano
Saviano
Cicciano
Somma Vesuviana
S.Anastasia
Ottaviano
NÁPOLI
PÓRTICI
ERCOLANO
TORRE DEL GRECO
HERCULANEUM
Vesúvio
Parco d. Vesuvio
Terzigno
BOSCO-TRECASE
BOSCO-REALE
POMPEI
TORRE ANNUNZIATA
CASTELLAMMARE DI STÁBIA
VICO EQUENSE
SORRENTO
Piano di Sorrento
Sant' Agnello
Meta
POSITANO
Massa Lubrense
Sant'Agata sui Due Golfi
Punta Campanella
Golfo di Nápoli
Bocca Piccola
Ísola di Capri
CAPRI
ANACAPRI
Grotta Azzurra
Grotta Verde
Grotta Rossa
Punta Carena
Marina Grande
Marina Piccola
Villa Jovis (rom.)
Villa Imperiale (rom.)
Posillipo
C.di Posillipo
Marechiaro
Ventotene
Prócida
Íschia
Porto-Vecchio, Palau, Cágliari, Tunis, Ustica-Favignana-Trápani
Palermo, Isole Eolie, Reggio Cal.-Catánia-Siracusa-
Malta, Al Iskandariyah
Scoglio Rovigliano
Scoglio Vervece
li Galli
Monte Faito
Sorrento
Marina di Puolo

D
E
F
San Martino Valle Caudina
Pannarano
ALTAVILLA IRPINA
Montaperto
MONTEMILETTO
Prátola Serra
Prata di Principato Ultra
San Fele
Arianiello
Monte Ciesco Alto 1357
Pietrastornina
Sant'Ángelo a Scala
Grottolella
Serra
Grotta di San Michele
Parco del Partenio
Capriglia Irpina
Montefredane
Montefalcione
Tóppola Grande
Summonte
San Felice
Avellino Est
Cándida
Avella
Sirignano
Quadrelle
1368
Ospedaletto d'Alpinolo
Manocalzati
Parolise
Baiano
Mugnano del Cardinale
Santuario di Monte Vergine
Irpinia
S. Potito Ultra
Chiusano di San Doménico
Atripalda
Salza Irpina
Monte Arciano 733
Mercogliano
Avellino Ovest
Sorbo Serpico
Visciano
Avellino
AVELLINO
Santo Stéfano d.Sole
VOLTURARA IRPINA (697)
Pago del Vallo di Lauro
Monteforte Irpino
Bellizzi Irpino
Cesinali
San Michele di Serino
Taurano
Monte Pizzone
Aiello del Sábato
Santa Lucia di Serino
Migliano
Láuro (276)
Petruro
Contrada
Serino
San Sóssio
Carbonara di Nola
Beato
Bosagro
Moschiano
Canale
San Biágio
Forino
Celzi
Castello
Sant'Andrea
Banzano
Aposti
Sala
San Salvatore
Quindici
Borgo
Ribottoli
847
Pizzo d'Alvano 1133
Solofra
Piano di Trebucchi
Preturo
San Pietro
Sant'Ágata
1301 Monte Faggeto
Bracigliano
Montoro Inferiore
Montoro Sup.
Episcopío
SARNO
Sarno
Casale
San Nazário
Torchiati
Aterrana
Castello di Ogliara
Montoro Inf.
Ciorani
Pizzo San Michele 1567
Monte Mai 1607
Striano
Siano
Piazza di Pándola
Pándola
San Michele di Basso
Villa
Fraina
Campomanfoli
Castèl San Giórgio
Aiello
MERCATO SAN SEVERINO
Valentino Tório
Nocera-Pagani
Lavorate
Lanzara
Piazza del Galdo
Fisciano
Capo Calvánico
Santa Maria a Carbonara
Calvánico
il Lieggio 1096
Casatori
Castel S.G.
Cúrteri
San Marzano sul Sarno
San Mauro
Acquarola
Salerno
Mercato S.Severino
Penta
Curti
Casali
Roccapiemonte
Spiano
Lancusi
Caiano
Sieti
Monte Monna 1196
PAGANI
NOCERA INFERIORE
Nocera Superiore
Baronissi
Caprecano
Giffoni sei Casali
Castiglione del Genovesi
Vignale
San Lorenzo
Nocera Inferiore
San Clemente
Caprìglia
Aiello
Fusara
Santa Lucia
Pellezzano
Acquamela
Monte Stella 951
Alfaterna
S.Egidio del M.Albino
Válico di Chiunzi
San Martino
Pregiato
Copérchia
San Mango Piemonte
San Cipriano Picentino
Capitignano
Annunziata
Ogliara
Pezzano
Corbara
Cava de' Tirr.
Capezzano
Campinola
CAVA DE'TIRRENI
San Pietro
Filetta
Pietre
Castello de Arechi
Salerno C.
Salerno
Pólvica
Salerno-Fratte
Castelpagano
Tramonti
Gete
Corpo di Cava
Piegolelle
Casale
Santa Tecla
Sant'Arcángelo
Vietri sul Mare
FAIANO
Abbadia della Trinità
la Cappella
Ponte-primário
Dragonea
Duomo
Monte dell'Avvocata 1014
Álbori
Torrione
Mercatello
Castello Vernieri
Pontecagnano
Vecite
Marina di Vietri
VIETRI SUL MARE
Fuorni
Scala
Minori
MAIORI
Cetara
SALERNO
PONTECAGNANO
1204
S.Leonardo
RAVELLO
Catacombe di Badia
(rom. Salernum)
Sant'António a Picenzia
Atrani
Erchie
San Lazzaro
Torre di Badia
Magazzeno
AMALFI
Lone
Capo d'Orso
Vettica
la Picciola
Conca dei Marini
Grotta di Smeraldo
Golfo
di Salerno
Torre Tusciano
Spineta Nuova
Lido Lago
Valéncia, Malta, Messina, Palermo
5 km
120
1
2
3
4
5
6

119

A
B
C
1
2
3
4
5
6
Parco del Monti Picenti
MONTECORVINO ROVELLA
Mercato
Gauro
Occiano
Cornea
Ferrari
San Martino
Salitto
Castagneto sul Tusciano
Olevano
Ariano
Monticelli
Costa Calda
1165
Madonna d'Avigliano
Castello
CAMPAGNA
Puglietta
Quadrivio
Romandola
Pezza Rotonda
Campagna
Vignale
sei Casali
San Mango Piemonte
San Cipriano Picentino
Pezzano
Filetta
Ornito
Pugliano
Castelpagano
Santa Tecla
Torello
Montecorvino Pugliano
Salerno
Casale
Cappella
E45
FAIANO
Castello Vernieri
Fuorni
Pontecagnano
Baroncino
PONTECAGNANO-
S.Leonardo
Sant'António a Picénzia
Magazzeno
52
Bellizzi
Belvedere
Battipáglia
Castellúccio
Monte di Éboli
407
ÉBOLI
(rom. Eburum)
San Pietro alli Marmi
91
Éboli
Ponte Sele
Staz.di Campagna-Serre-Persano
Biancaneve
Fer Faone
Masseria Rosale
Cascine Mafalda
Calore
Persano
BATTIPÁGLIA
la Picciola
San Mattia
Fasanara
Santa Lucia
Corno d'Oro
Masseria Campione
Torre Paladino
Torre Tusciano
Spineta Nuova
Piana del Sele
Lido Lago
Aversana
Fiocche
18
San Berniero
Osteria Criscuolo
Cioffi
Convento San Francesco
Scanno
Cerelli
Santa Maria della Neve
Madonna del Monte
San Vito
San Cesareo
Staz. di Albanella
Matinella
Santa Cecília
Ponte Barizzo
Albanella
(205)
Foce del Sele
Santuario di Hera Argiva
Sele
Torre Kernot
Gromola
Tempalta
166
Bellelli
Staz. di Capaccio-Roccadáspide
Capaccio Vecchio
Cavallo
MARE TIRRENO
Laura
Casa Gian Cesare
Monte Soprano
1082
PAESTUM
la Torricella
CAPÁCCIO
Trentinara
Torre di Paestum
Licinella
Spinazzo
Vareo Cilentano
Giungano
Casa Renna
Necropoli
Solofrone
Staz.Ogliastro Cilento
Caserio Rosso
Erédita
Postiglione
AGRÓPOLI
Convento S.Francesco
Ogliastro Cilento
Finocchito
Monte Cicerale
Prignano Cilento
Monte Tresino
Punta Tresino
355
San Giovanni
267
Torchiara
Sant' Antuono
Rutino
Torre del Pagliardo
Sant' António
Matonti
Casa San Pietro
Laureana Cilento
Rocca Cilento
Lustra
Staz. di Rutino
Santa Maria di Castellabate
Sant' Andrea
Vatolla
Casigliano
la Fiumana
Madonna del Carmine
Madonna della Scala
Camella
Mercato San Mango
Corticelle
Santa Lucia
San Marco
CASTELLABATE
Perdifumo
688
Monte della Stella
1131
Sessa Cilento
Torretta
Villa Giannina
Omignano
Sant' António
Punta Licosa
Monte Licosa
326
Zoppi
Serramezzana
Guarrazzano
Licosa
Casa la Pietà
Arena
Fornelli
1130
Stella Cilento
Ísola Licosa
Cosentini
San Teodoro
San Mauro Cilento
Ogliastro Marina
Montecórice
Ortodónico
Amalafede
San Giovanni
Case del Conte
Torre dell'Arena
Punta d'Ogliastro
Rosaine
Casal Sottano
Galdo
Acquavella
Agnone
Casa Capitello
Celso
CASAL Velino
Capitello
5 km

122

D
E
F
Basilicata
Campania
Oliveto Citra
Ponte Maiale
M.Ogna 1361
C.Piegari
Platano
Casa Mattur
M.dell'Armi 957
Santa Maria il Loreto
Bagni Contursi
Pianelle
Teglia
Ricigliano
Caseri Laspro
Sele
Palomonte
San Gregório Magno
Balvano
Contursi Terme
Bívio Palomonte
BUCCINO
Romagnano al Monte
Sant'António
la Rotonda di M.Marmo 1239
VOLCEI
E847
Staz. di Contursi Terme
Sicignano-Potenza
Buccino
F. Bianco
17
VIETRI DI POTENZA
A3
E 45
94
10
Staz. Romagnano
Castello
Staz. Sicignano d.Alburni
Staz. Buccino-S.Gregório M.
Salvitelle
la Cuzza 966
Masseria Ilaria
Zonzo 357
Taverna Cereta
Castelluccio Cosentino
Cosentino
Tanagro
Case Rumolo
CAGGIANO (827)
M.Capo la Serra 1141
la Civetta
Scorzo
Zuppino
Terranova
Staz. di Galdo
19 ter
23
Auletta
Convento di San Francesco
Galdo
Petina
19
Pertosa
(605) POSTIGLIONE
Sicignano degli Alburni
Grotta di Pertosa
Polla
Grotta di Sant'Elia 1704
M.della Nuda
Staz. di Auletta
M.Pizzuto 1403
Rif.Forestale
M.Alburno 1742
Petina
(rom. Forum Popilii)
POLLA
Serra del 1174
Monti Alburni
il Figliolo 1337
Grotta
Madonna di Loreto
488
M.Caramito 1364
Casone d'Aresta
Grotta dell'Acqua
San Antuon
Controne
Madonna di Montagna
Bosco di Corleto
A3
E45
Castello
Serra Nicola 1301
Madonna del Carmine
426
2
CASTELCÍVITA
Tempa del Prato 1048
Grotta di Castelcívita
San Francesco
Sant'Arsénio
Atena Luc.
951
Costa la Croce
Sant'Angelo a Fasanella
San Pietro al Tanagro
Ponte Conócchia
Case Ricco
Mácchia di Aquara
Ottati (529)
Madonna della Penna
Monte Spina dell'Ausino
M.1426
Atena Scalo
Casa Martino
Madonna del Cardoneto
(515)
Casa d'Elía
15
Aquara
Serra Nuda
Corleto Monforte
1283
San Rufo
Fasanella
Carnale
Casa Galdo
ROCCADÁSPIDE
Ponte Calore
Bellosguardo
166
Sala Co
Castello
Castèl San Lorenzo
68
Ponte Fasanella
M.Cocuzzo 1411
Prato Perillo
Vécchio
Roscigno-
Sella del Corticato (1026)
Ripiti
Nuovo
Sacco vécchio
22
San Marco
San Giovanni Piedimonte
17
M.Cerzito 480
TEGGIA
Madonna di Costantinópoli
Sacco
M.Mótola 1700
1743
Serra la Manc
Felitto
Villa Littório
2
Madonna del Monte Vivo
Monteforte Cilento
M.Céglie 602
Serra di Falco 799
Ráia della Pétina 1172
Madonna del Rosario
Mont S.Giaco
Capizzo
488
Madonna del Monte
Piaggine
Valle dell'Ángelo
Calore
Magliano Vétere
LAURINO
Magliano Nuovo
M.Cerasulo 1400
Alento
Parco Naz. del Cilento e Vallo di Diano
Scanno del Tesoro 1348
Madonna della Neve
5
Gorga
Stio
M.Calvello 1271
M.Raialunga 1405
1898
M.Cervati
Santa Doménica
Vetrale
Cámpora
Torno
Madonna della Neve
Órria
Piano-
Gioi
488
(1019)
Croce di Pruno (1046)
M.Rotondo 1388
M.Faiatella 1710
Vésalo 943
Ponte dei Cavalli
Carmignano
Madonna del Carmine
Cardile
la Civitella 818
Madonna del Carmine
Pruno
Grotta di G.Barretta
Ponte Inferno
Tuzzi di Monte Piano 1515
la Ráia del Pedale 1521
Mòio della Civitella
Péllare
Cannalonga
Salento
Bussento
2
101
il Fiumicello
VALLO DELLA LUCANIA
Angellara
1460
Madonna di Novi Vélia
Triglio
Tresanti
M.Centaurino 1433
Novi Vélia
1705
Pattano
Prócida
ROFRANO
6
Castelnuovo Cilento
M.Sacro o Gélbison
1610
Massascusa
San Biase
M.Scuro
Staz. di Casal Velino
Petrosa
Cerasc
Timpa d Cúccaro V
M.Fulgenti 1006
Sant'António
318
Serra
Pozzofetente
M.Antília 1316
LAURITO

123

120

A
B
C
Parco Naz.
Cilento
MARE
TIRRENO
5 km
San Cesareo
Matinella
Staz. di Albanella
Ponte Barizzo
Albanella (205)
Terzerie
Tempalta
Capáccio Vécchio
Cavallo
Volparo
Madonna del Monte
Controne
Castello
Ponte Paestum
CASTELCÍVITA
Grotta di Castelcívita
San Francesco
Tempa del Prato 1048
Costa la Croce
Ottati (529)
Madonna del Cardoneto
Sant'Angelo a Fasanella
Mácchia di Aquara
Case Ricco
Casa d'Elia
Casa Martino
Aquara
ROCCADÁSPIDE
Ponte Calore
Castello
Castel San Lorenzo
Ponte Fasanella
Bellosguardo
Casa Galdo
Fasanella
Ripiti
Casa Gian Cesare
Monte Soprano 1082
la Torricella
CAPÁCCIO
Trentinara
Spinazzo
Monte Vésole 1210
M.Cerzito 480
Vareo Cilentano
Casa Renna
Giungano
Madonna di Loreto
Madonna di Costantinópoli
Villa Littório
Solofrone
Monte Sant'Andrea 643
Chiusa Vécchia
Monteforte Cilento
Felitto
M.Céglie 602
Serra di Falco 799
Madonna del Monte
Caserio Rosso
Erédita
Postiglione
Capizzo
Magliano Vétere
Magliano Nuovo
Alento
Ogliastro Cilento
Finocchito
Monte Cicerale
Cicerale
Prignano Cilento
Torchiara
Sant'Antuono
Ostigliano
Santa Doménica
Vetrale
Gorga
Stio
Campora
Torno
Matonti
Rutino
San Nicola
PERITO
Órria
Piano-
Gíoi
Madonna della Neve
Ponte dei Cavalli
Carmignano
Casa San Pietro
Laureana Cilento
Rocca Cilento
Lustra
Staz. di Rutino
Vésalo 943
Vatolla
Casigliano
la Fiumana
Madonna del Carmine
Cardile
la Civitella 818
Madonna del Carmine
Camella
Mercato San Mango
Corticelle
Santa Lucia
Móio della Civitella
ABATE
Perdifumo 688
Monte della Stella 1131
Sessa Cilento
Omignano Scalo
Salento
Péllare
Cannalonga
Serramezzana
Omignano
VALLO DELLA LUCANIA
Angellara
Zoppi
Guarrazzano
il Fiumicello
Novi Vélia
Cosentini
1130
Stella Cilento
Staz. di Vallo-Castelnuovo
Procóio
Pattano
San Teodoro
San Mauro Cilento
Amalafede
San Giovanni
442
Monte Forma
Ortodónico
Castelnuovo Cilento
Massascusa
San Biase
Casal Sottano
Galdo
Acquavella
Staz. di Casal Velino
Petrosa
Ceraso
Timpa di Cúccaro Vétere 1137
Casa Capitello
Celso
Ponte
318
Sant'Antonio
Pozzofetente
Serra
CASAL Velino
Santa Bárbara
Cannicchio
San Matteo
288
Acciaroli
Póllica
Pioppi
Marina di Casal Velino
ELEA (gr.) VÉLIA (rom.)
Mandia
935
Cúccaro Vétere
Torre di Caléo
Torre la Punta
Castellammare di Vélia
Terradura
Eremiti
Catona
Castinatelli
Massicelle
San Nazário
Marina di Ascea
Ascea
Ródio
Torre del Telégrafo
San Máuro la Bruca
Lambro
Pisciotta
Castellúccio 701
Staz. Pisciotta-Palinuro
San Nicola
Staz. di S.Mauro la Bruca
Staz. di Caprioli
Caprioli
(332)
Torre dei Caprioli
PALINURO
Castello di Molpa
Grotta Azzurra
Capo Palinuro
Grotta delle Ossa
Torre Calafetente
166
68
488
18
267
101
447
447r

Grotta dell'Acqua
D
E
F
121
1
2
3
4
5
6
Madonna del Càrmine
Serra Nicola
1301
Corleto
Sant'Arsènio
San Pietro al Tanagro
Ponte Conocchia
Àtena Luc.
Àtena Lucana
Àtena Scalo
San Antuono
Masseria Lopardo
1254
Castello
BRIENZA
M.Marùggio
1577
M.Facito
1359
Monti della Maddalena
598
M.Tigliano
1060
Masseria Lombardi
Pérgola
San Donato
Casa Isca
Tempa Capitello
Masseria Cozzarro
MARISCO NUOVO
M.Fontana Lunga
1384
la Lòggia
Paterno
Basilicata
Campania
Monte Spina dell'Ausino
1426
Serra Nuda
1283
San Rufo
Timpa delle Rose
1445
Madonna di Sito Alto
Sala Consilina
Castello
SALA CONSILINA
San Michele
M.Cavallo
1401
M.Cocuzzo
1411
Sella del Corticato
(1026)
Prato Perillo
Pantano Grande
San Giovanni Piedimonte
San Marco
Macchiaroli
Trinità
Piazzolla
TEGGIANO
Ponte dei Cappuccini
Silla
San Giovanni in Fonte
Castello
Grotta
PADULA
Carrarola
il Montagno
1481
M.Mótola
1700
1743
Serra la Manca
Madonna del Monte Vivo
Ràia della Pétina
1172
Monte S.Giacomo
San Rocco
San Vito
Madonna del Rosario
Santa Maria
SASSANO
Ascolese
Certosa San Lorenzo
San Francesco
1503
Serra Longa
Cilento e Vallo di Diano
Calore
M.Cerasulo
1400
Masseria Quatariello
Peglio
Ponte Altomùzio
Buonabitàcolo Padula
Montesano Scalo
Arenabianca
M.del Castello
1180
M.Nuovo
1029
Madonna della Neve
1898
M.Cervati
M.Raialunga
1405
Sant'Antònio
BUONABITÀCOLO
(501)
MONTESANO SULLA MARCELLANA
(850)
103
276
Croce di Pruno
(1046)
M.Rotondo
1388
M.Faiatella
1710
M.Cariusi
1504
1400
717
Monticello
Pauliello
A3
E45
la Rarete
1161
Pruno
Grotta di G.Barretta
la Ràia del Pedale
1521
Ponte Inferno
SANZA
(600)
Cippo Carlo Pisacane
Varivèrtola
Santa Maria della Grazia
Madonna del Carmine
Fontana del Salice
Madonna della Consolazione
Bussento
Ponte Farnitani
M.l'Alta
940
M.Forcella
1192
CASALBUONO
(661)
Pozzi Mònaci
Gióncolli
M.Iúncolo
1221
Triglio
Tresanti
M.Centaurino
1433
ROFRANO
36
517
Sant'Eliano
Masseria Fossito
M.Rotondo
1177
i Pozzi
Barbiere
Case Trepaoli
Santa Maria dei Màrtiri
M.Fulgenti
1006
Alfano
LAURITO
Grotta del Bussento
CASELLE IN PITTARI
Fortino
M.Cer
Fattoria Pecorelli
CASALETTO SPARTANO
Sisamo
Battàglia
Madonna dei Màrtiri
Morigerati
Casa Giardinello
Castel Ruggero
Grotta
TORTORELLA
SAN BASILE
1387
M.Cocuzzo
Mingardo
Sìcili
Bussento
Serra Palombara
413
TORRE ORSÀIA
Madonna del Monte
Case Santa Lucia
Torraca
Serralun
1480
ROCCAGLORIOSA
Santa Marina
Vibonati
Staz.di Celle-Roccagloriosa
Celle di Bulgheria
San Cataldo
Case Calleo
Staz. di Torre Orsàia
Case Lupinata
Ispani
San Cataldo
Santa Maria dei Còrdici
Campania
Basilicata
Poderia
Acquavena
Capitello
Villammare
SAPRI
Timpone
San Costantino
104
Timpa Linnario
M.Bulgheria
1225
Bosco
Torre dell'Oliva
POLICASTRO BUSSENTINO
(gr. Pyxus, rom. Buxentum)
Torre di Capobianco
M.Ceraso
608
M.Palladino
711
Serra Tuono
1176
l'Annunziata
562
Licusati
SAN GIOVANNI A PIRO
Pietrasanta
Scàrio
Torre di Mezzanotte
Torre dei Crivi
Acquafredda
Rotondella
Timpa Pistillo
723
Penniniello
660
Garagliano
Torre Spinosa
Golfo di Policastro
CAMEROTA
575
la Vaccuta
Lentiscosa
Sant'Antònio
Torre Muzza
Capo la Nave
Cersuta
Torre Apprèzzami l'Àsino
Ogliastro
Fiumicello
Santa Venere
Porto
Torre di Teano
Torre degli Infreschi
Marina di Camerota
Torre Cala Bianca
Punta degli Infreschi
Ísola San Ian

Im Register sind alle in diesem Führer erwähnten Orte und Ausflugsziele verzeichnet. Halbfette Seitenzahlen verweisen auf den Haupteintrag, kursive auf ein Foto.

Schreiben Sie uns!

Liebe Leserin, lieber Leser,

wir setzen alles daran, Ihnen möglichst aktuelle Informationen mit auf die Reise zu geben. Dennoch schleichen sich manchmal Fehler ein – trotz gründlicher Recherche unserer Autoren/innen. Sie haben sicherlich Verständnis, dass der Verlag dafür keine Haftung übernehmen kann. Wir freuen uns aber, wenn Sie uns schreiben.

Senden Sie Ihre Post an die Marco Polo Redaktion, MAIRDUMONT, Postfach 31 51, 73751 Ostfildern, info@marcopolo.de

Impressum

Titelbild: Ravello (M. Thomas)
Fotos: Colorvision: Uthoff (5 o., 11, 48, 51, 52, 57, 78); B. Dürr (31); R. Gill (20); R. Hackenberg (27, 53, 59); HB Verlag (41, 42, 83, 85, 95); laif: Celentano (24, 25, 96), Zanettini (43, 98); Schuster: Tauqueur (4, 54); T. Stankiewicz (68)); M. Thomas (U. l., U. M., U. r., 1, 2 o., 2 u., 5 u., 6, 7, 9, 12, 15, 16, 18, 22, 26, 28, 32, 33, 34, 37, 44, 60, 61, 62, 65, 67, 69, 70, 72, 75, 76, 79, 90, 92, 100, 102, 104, 113)

6., aktualisierte Auflage 2006 © MAIRDUMONT, Ostfildern
Herausgeber: Ferdinand Ranft, Chefredakteurin: Marion Zorn
Redaktion: Nikolai Michaelis, Bildredakteurin: Gabriele Forst
Kartografie Reiseatlas: © MAIRDUMONT/Falk Verlag, Ostfildern
Vermarktung: MAIRDUMONT MEDIA, media@mairdumont.com
Gestaltung: red.sign, Stuttgart
Sprachführer: in Zusammenarbeit mit Ernst Klett Sprachen GmbH, Stuttgart, Redaktion PONS Wörterbücher

Printed in Germany. Gedruckt auf 100% chlorfrei gebleichtem Papier

Bloß nicht!

Auch am Golf von Neapel gibt es Touristenfallen und Dinge, die man besser meidet

Auto fahren
Und zwar in Neapel sowie – am Wochenende – auf der Sorrentinischen Halbinsel und der überfüllten Amalfitana, wenn auch die Neapolitaner ihren Sonntagsausflug machen. Man findet keinen Parkplatz. Im Sommer sollten Sie die Amalfitana ganz meiden und lieber – auch bei Ausflügen auf die Inseln – die öffentlichen Verkehrsmitteln nutzen.

Badeschuhe, Taucherbrille, Schnorchel vergessen
Plastiksandalen sind unverzichtbar für den Einstieg ins Meer, der vielerorts nur über Klippen, Stein oder Betontreppchen möglich ist. Taucherbrille und Schnorchel garantieren aufregende Tiefblicke an den Felsküsten.

Gefälschte Markenartikel erstehen
Neapel ist zwar eine Hochburg der Markenfälschung – überall werden Ihnen gefälschte Gucci- und Prada-Taschen, Ray-Ban-Brillen, Lacoste-Hemden angeboten –, doch lassen Sie sich nicht vom Billigpreis verführen. Erwischt Sie die Polizei beim Kauf, kann Sie das viele Male teurer kommen als die echte Gucci-Tasche.

Leichtsinnig sein
Aufpassen in Neapel, Salerno, in den Gemeinden am Vesuv wie Somma Vesuviana, Torre del Greco usw., in überfüllten Autobussen und U-Bahnen: keinen auffälligen Schmuck tragen, keine Rolex am Arm, den Fotoapparat mit Tragriemen quer über der Brust; Taschen grundsätzlich nie zur Straßenseite hin tragen; Geld und Papiere möglichst unter Kleid oder Gürtel verstauen bzw. am besten nur den Tagesbedarf mitführen; beim Autofahren stets die Türen verriegeln und die Fenster nur einen Spalt öffnen. An der Amalfiküste, im Cilento, auf den Inseln können Sie sich dann wieder entspannen.

Rauchen
An öffentlichen Orten wie Bars, Restaurants, Bahnhöfen, in Zügen usw. ist Rauchen verboten, und selbst im Süden hält man sich dran.

Zigarettenstummel wegwerfen
In den Sommermonaten genügt ein Funke in den ausgedörrten Wäldern und Wiesen, um alles in Brand zu setzen.

Zitronen pflücken
Bitte greifen Sie beim Wandern durch die Zitrushaine und Weinberge nicht nach den verlockenden Früchten. Die Bauern arbeiten hart dafür und leben schließlich davon. Lieber schenken sie einem ein paar Früchte, wenn man mit ihnen ins Gespräch kommt.